東西の統治者
徳川家康と
エリザベス一世

十七世紀、西の統治者は家康に特使を派遣

更級悠哉
Sarashina Yuya

青山ライフ出版

序　章

二〇二二年九月八日、エリザベス女王（二世）がスコットランドのバルモラル城（Balmoral Castle）（注　写真）で崩御された。その前のエリザベス一世はスコットランドとの融和に苦心し、死去に際しては後継者にスコットランド国王ジェームズ六世をイングランド国王に指名、イングランドとスコットランドは遂に一カ国に統一され、強国が誕生した。イングランドは何度もスコットランド併合を試み、スコットランドは抵抗しエリザベス一世に刺客まで放った対立の歴史が漸く収まり、英国と日本の交流する十七世紀の物語がこの書になる。

それから約四百二十年後の今日、スコットランドがイングランドから独立運動を始めたことにエリザベス二世は心を痛め、何度もスコットランドに行幸し融和に精魂を傾けてきた。エリザベス一世と二世のゆかりの地スコットランドで、エリザベス二世は神に召されたのは、二人のエリザベス女王の宿命の絆があったかもしれない。

バルモラル城　wikipediaより

九月六日、逝去の二日前バルモラル城で病身のお身体を休ませていたエリザベス女王は、最期の力を振り絞るように、しかし笑みを忘れず新首相リズ・トラス（Liz Truss）任命式を主宰していた。トラス首相はファーストネームをLizとしていたがLizとはElizabethの短縮名である。偶然とはいえ、二〇二二年はAlexandra Mary Elizabeth女王がエリザベス・トラスに国政を委ねるElizabeth Yearになった。更に付け加えればLiz首相の後継リシ・スナク（Rishi Sunak）は英国に帰化したインド人の子孫である。エリザベス一世が勅許を与え設立した東インド会社East India Company（EIC）が、インドを植民地にしなかったら、リシ・スナクの祖先は英国に移住せず、スナクも首相になる機会はなかったであろう。

　エリザベス二世の国葬には天皇陛下が参列をいち早く表明されたことも注目すべきと思う。日本国天皇と英国王室との近代の繋がりを見れば、昭和天皇の皇太子時代の英国訪問に始まり、今上天皇が親王時代にオックスフォード大学に留学されていた時、孤独な学生になっていないかと心配され、徳仁親王（当時）を招待した所はバルモラル城であった。その後、徳仁親王は天皇に即位されたがエリザベス女王の思いやりを忘れず、英国弔問を直ちに決められたのも日本の皇室と英国王家の縁を示している。

日本と英国の歴史はエリザベス一世と徳川家康に始まるとみてよい。エリザベス一世のころの日本の最高統治者は徳川家康になる。家康は将軍であり、将軍と女王は同格ではないと指摘されるかも知れないが、外交や国内統治をしたのは家康であり、外国からみれば家康が主権者で、女王と同格になる。

家康を主人公にした小説は数限りなくあるが、その殆どは信長や秀吉他諸大名と国衆に一向宗などの国内戦の話になっている。それは書き尽くされたこととして、ここでは書かない。他方、家康とエリザベス女王との交流を描いた近世歴史小説はほとんどなかった。家康の画期的な業績は日本統一だけではない。志半ばに終わったとはいえ、欧州やアジアとの交易や外交に乗り出したことにあった。それに迫るのがこの書になる。

エリザベス二世のご逝去に七か月遡った二〇二二年二月、ロシアはウクライナに大規模侵略戦争を開始、ウクライナの守備兵は勿論のこと老人・子供・女性を少なく見積もっても約五万人以上を殺害したとされている。国家の関係を相互に尊重しあう国際条約など秘密警察出身の独裁者プーチン大統領には遵守する気は全くなかった。ましてや、その千年ほど前の欧州には戦争を仕掛けるのに何の制約もなかった。千年という歴史の流れがあっても、自国の領土拡大に他国と戦争する国家主導者の本質に共通するところも書いてみた。

その第一章は英国王室の成立に始まる。

一〇二七年、今から約千年前に誕生したノルマン王朝に英国王室の歴史は遡る。それ以前の英国には、アングロ・サクソン七王国時代（Heptarchy）があったが、七王国とはいってもロンドン周辺地域の支配に留まり、英国王室とは繋がらない。英国の最初の王朝とされるノルマン王朝とは仏国ノルマンディ地方の豪族が樹立した、いわば征服王朝であった。英・仏・西は、領土をめぐる紛争を繰り返してきた。大陸国家群や半島国家群には侵略したりされたりは当然のことであった。英国は国らしくなってきた近世になっても仏国とは百年も戦争を続け、蘭国国王に一時とはいえ国王を委ね、かろうじて独立を維持してきた。

その頃の日本の外交は、執権北条時宗が仕切っていた。超大国の元が国交を求め来日させた特使は、問答無用と切捨てられた。その報復として元寇と呼ばれる元・高麗軍の北九州や山陰に熾烈な攻撃を受けた。もし敗戦していたら、北九州は元の領土になっていた。国際関係に無知で隣のアジア最強国の研究を怠ったことは歴代執権の中で最低の執権といえよう。北条一族の歴史書を愛読していた家康は、鎖国国家が国際感覚を無くす危険性に気が付いていた。

続く第二章は、英国をほぼ統一したチューダー朝（Tudor dynasty）とエリザベスの物語になる。ヘンリー八世とカトリックとの劇的な抗争のさなかに、次女エリザベス一世が誕生する。英国史に於いて、王位継承には血で血を洗う凄絶な戦いがあったことは良く知られている。八世の長女メアリー一世即位の前に九日間とは言え英国初代女王に担がれた、清純な十五歳の少女ジェーン・グレイ（Jane Grey）を始め、国教会主教など約三百名を反逆者としてメアリー一世は死刑執行命令を下した。

欧州の強国は国内を固めると、未開のアメリカやアジアへの探索を始めた。大航海時代である。先駆者は十五世紀ポルトガルのエンリケ王子やイスパニアであった。当時世界最強とされたイスパニア無敵艦隊に大勝した、新興国英国は一躍列強に仲間入りする。そのエリザベス一世の活躍を語るのが第三章になる。

さて日本と欧州の幕開けは誰もが知っている一五四三年のポルトガル人種子島漂着になろう。日本にキリスト教や商材の大市場があるとみて来日したジョアン・ロドリゲスなどのポルトガル人宣教師達は欧州人として初めての「日葡辞書」を編纂した。その日葡辞書の原本がオックスフォード大学図書館に所蔵されているということは、十六世紀英国の支配者エリザベス一世とそのスタッフ達が日本に並々ならぬ関心があり、苦心して入手したことに筆者は注目する。この日葡辞書を貴重な情報源にして、英国は日本の内実を研究していたと考えることは不自然ではない。

強国フランスやイスパニア等々と戦い抜き、弱小国英国を強国に為したエリザベス一世は、欧州の覇権を握ると、東アジアに貿易拡大をめざしている徳川家康との国交に乗り出した。

十七世紀の英国と日本、国家を統一した東西の主権者、家康とエリザベスの二人には本当に交流がなかったのであろうか。一国の統治者には隣国は勿論のこと遠く離れた国であっても国家統一を果たし強国になり、しかも海軍を保持しているとなれば、その国の更なる利益を考えるのは統治者として当然の施政になろう。エリザベス一世と徳川家康との外交の繋がりを探索するのが第四章で、この書の本題になる。

エリザベス一世は、イスパニアとポルトガルが中南米に続きアジアを完全支配する前に日本と同盟し、アジア市場を獲得したいと考えたことは想像に難くない。エリザベス女王は国内の大動脈となるテムズ川の航行権を蘭国海運業者に勅許し、両国の関係を深めるとプロテスタント同盟を組みカトリック教皇に対抗した。次いで日本に外交特使を派遣するため、既にバタビアに乗り出しアジア航路に詳しい蘭国と組み、リーフデ号にウィリアム・アダムスを乗せ、日本に送り出した。その特使にはエリザベス一世から徳川家康あての国書を奉戴させていたが、乗船したリーフデ号などの蘭国船は強度に問題があり太平洋で破船となり、やっとのことで目的地日本の豊後に漂着した。

ポルトガルとイスパニアのイエズス会宣教師たちは、英国・蘭国人の来日目的は西・葡の利益を奪う為と察知し、〃英国・蘭国人達は海賊であるから即刻処刑すべき〃と家康に請願した。

アダムスは、イエズス会宣教師の讒言により絶体絶命の危機に陥ったが、命を救ったのは国書であった。それには一体何が書かれていたのか。西語が読める側近から重大事を耳打ちされた家康は、イエズス会宣教師達を別室に人払いさせた。アダムスを海賊の漂流者から、劇的に準国賓扱いに変えさせた国書については第四章で詳しく取り上げる。

その前にエリザベス一世と徳川家康二人に共通する運命があったことにも注目したい。エリザベスは決して順風満帆の半生ではなかった。それどころか二人のメアリー、異母姉のメアリー一世とスコットランド女王メアリー・スチュアートに命を狙われた。異母姉ブラッディ・マリー（Bloody Mary 血まみれマリー）にロンドン塔に幽閉され、いつ死刑執行命令が届いても不思議ではなかった。

家康、松平元康は今川義元の人質として監視されていた。三河の領地から反逆の密書が届いたり、少しでも反抗を疑われたら切腹させられていた。桶狭間の戦いで今川義元が討ち取られた後も愛妻瀬名姫と長男元康は今川の人質であり、今川の敵信長に味方した以上、妻子は処刑されてもおかしくなかった。家康も、猜疑心の固まりのような信長にいつ暗殺されるかわからなかった。

家康は、ウィリアム・アダムスが豊後に漂着して僅か二年後に日本人妻を紹介し、妻子と日本に定住させ、海外との交易に乗り出した。国使ウィリアム・アダムスをアジアマーケティング責任者に抜擢、コーチシナ（Cochin China）やシァムなどを探索させ、アジア交易圏の構築に取組み、鎖国などは一度も考えなかった。そのことは第五章で詳述する。

そのアダムスの妻の名は日本の古文書のみならず、何度も対面しているコックス英国商館長の日記にもMrs.Adamsと記され本名は秘されていた。しかし、イエズス会の情報ネットワークは、妻の名前も居所も察知していた。イスパニア宣教師は浦賀のアダムス別宅でアダムスの妻と面会している。

通説は、女だから名前は記録されなかっただけだとあまりに単純な理解をさせている。それならアダムスの娘の名前がスザンナと英国商館長日記などに明記されていることと辻褄が合わないし、名もない女性をイスパニア宣教師はどうやって探し出したのか。

歴史小説は史料に基づいて分析し、執筆すべきである。それをしなければ歴史小説でなく想像だけの推理小説になる。問題は、発見された史料は何故残されていたのか。多くは時の権力者を美化するためであり、史料が見つからないのは隠す必要があったことが多い。アダムスの妻の名が秘密にされた謎は、終章で迫りたい。

日本史においてイエズス会（Society of Jesus）は無視してはいけない。フランシスコ・ザビエルと仲間たちがカトリックの中核として創設したが、宗教心に熱いだけの単なる宣教師の親睦会ではなかった。Jesusの御名を戴き文字通りイエスを絶対的に信仰し、パリのモンマルトルの丘に布教戦略本部を置き、世界にカトリックを布教する政教一致の戦闘部隊であった。これが中南米侵略を終えると、次の目標は日本を含むアジアに定めた。世界は連動している。自国の歴史だけで完結しようとするのは単純に過ぎるのであって、日本と外国の出会いに必然性があったことを考えず、偶然の出来事にしてしまう。

西洋史に燦然と輝く英国王室史と万世一系を誇る日本の天皇史についても比較してみた。千年の英国王室を描かなければ英国史にならないし、万世一系に関わる天皇史を書かずには日本史を描いたことにはならないであろう。英国王室はノルマンやフランス王朝と繋がり民族を超えた万世一系があることに徳川家康は関心を示したが、秀忠は皇室の万世一系に介入した。これは英国王室と日本の皇室を検討する上で大事なことなので、第六章と終章で詳述する。

それでは英国史における王室成立物語からこの書を始めるが、ウィリアム・アダムスや英国商館に関わる文献などを基に、筆者の想いを込めたフィクションがあることをお断りしておきたい。

目次

第二章　エリザベス一世の王位継承と徳川家康の征夷大将軍就任……31

第五章　徳川家康の天下統一と積極外交……114

第一章　英国王室の誕生と大航海時代

　十五世紀の欧州の強国はいずれもカトリックである。カトリックが意味する〝普遍〟とは西ローマ帝国全てを普遍的に支配する宗教を自負する。国境を定めその縄張りのなかで完結するのでなく、欧州大陸から海洋を越えて世界各地を侵略し、ローマ教皇の世界一円支配を完成させなければならない。その侵略地の橋頭堡にカトリック教会があり、日本では天主堂と名付けられた。バチカンのイエズス会本部は各国の司祭を任命し、植民地の要人との交渉をしたところは、宗教と政治と外交を一元化させたとみて良い。

　その最高司令官たるローマ教皇はカトリックの二大国、イスパニアとポルトガルが互いに争い、共倒れにならぬよう、世界を東と西に二分する縄張りを定めた。教皇分界線（西語：Línea de demarcación、葡語：Linha de demarcação と呼称され、一四九四年トルデシリアス条約（西語：Tratado de Tordesillas）として、両国に合意させた。両国がよーいドンでスタートする起点は、大西洋のブラジルの上を通る西経四六度とした。東回りがポルトガルでアフリカ沿岸の奴隷を拉致してブラジルに売り、その収益でインドのゴアとさらに東の澳門にも拠点を設置、中国と日本を視野に入れた。

他方西回りのイスパニアはコンキスタドール（西語「征服者」Conquistador）となって中南米各地を次々征服した後、アジアに転じてルソンに進出、国王フィリップ二世（Philip II）の御名を頂き、植民地フィリピンと名付けアジアの拠点となした。

しかし東回りのポルトガルと西回りのイスパニアの境界となる対極線がないと、地球の反対側で両軍は衝突してしまう。その対極線が東経一三五度で日本の明石付近になる。欧州からポルトガル船とイスパニア船が日本に到来したのは確たる理由があった（注①）。

ポルトガルとイスパニアによる世界制覇レースに、ダークホースがいた。イギリスの登場である。大陸ではなく日本と似たような地勢の島国で、弱小だったイギリスの始まりから見る。

イギリスや英国史に詳しい読者の方々からは、イギリスや英国という国はないと反論されよう。便宜上英国と呼ぶのは日本人だけであることは十分承知している。正式名はThe United Kingdom of Great Britain and Northern Ireland、グレートブリテンと北アイルランド連合王国と長すぎる国名なので日本人は英国と呼び、周囲の欧州人はUKと呼ぶことが多い。この書では分かり易く英国またはイングランド、スペインはイスパニアとした。スペインは英語名だからと、今なお栄光のイスパニアにこだわるスペイン人も少なくない。

英国には外敵の侵略が絶えなかった。周知のように古代はローマ帝国、続いてゲルマン民族、ノルマン民族、中世以降もフランス民族に二百年も支配されると、ゲルマン語やフランス語が公用語になり、英語は庶民同士が話す植民地語のような簡単な言葉になった。

外地侵略を進めるとき、武力で大方支配すると、その支配を永続させるため穏健に用いられるのは婚姻政策である。名門ハプスブルク（Habsburg）家、日本語に直訳すれば鷹砦家はスイスの山の上の一豪族に過ぎなかったが、山から下りてきて現在のオーストリア地域に定住すると、周辺のハンガリー・ルーマニア・ポーランドの豪族争いに勝利し、その勢いでロシア、フランスやイスパニアの貴族と婚姻外交を始め、緩やかに同族支配を進めてゆく。

しかし英国はカトリックになったハプスブルクの野望に対抗した。婚姻政策の弊害をそれとなく感じていたのかも知れない。血族結婚による濃い血の繋がりは、南ドイツ国王ルートヴィッヒ二世の精神病、ロシア皇帝の血友病や色盲などの遺伝病が避けられない。ハプスブルク一族には英雄が生まれず、凡人ばかりとなり没落してゆくのは血族結婚を繰り返した結果であろうとの説もある。

英国の中核となるブリテン島に住んでいた原住民はブリトン人だったと言っても大きな間違いはない。ブリトン人よりも古くからスコットランドやアイルランドに住んでいたのはケルト人であったが、結局スコットランド人やアイルランド人などに分化して、ケルト人による統一はなかった。

The Roman Bath　筆者の友人 Wendy が撮影

古代ブリトン人の末裔がグレートブリテン人と称する説もあるが、古代ブリトン人やゲルマン人などはローマ帝国から野蛮人（barbarous）と呼ばれた。清潔志向のローマ帝国軍がテムズ（ラテン語の薄暗い湿地を意味する Thamesis を短くして Themes）（注②）川を遡上し、ロンドン辺りで遭遇したむさくるしい原住民を清潔にしてやろうと、ロンドンから約百六十㎞の郊外に設置したのがテルマエ（thermae）と呼ばれる公共浴場になる（注　写真）。それは英国王室が誕生する千百年も前のことであったが、英国が自前の言語を用いるようになると、その浴場地は風呂の Bath、発音はバースになった。ブリトン人を清潔にしようとしたローマ皇帝の恩恵も、カトリックの戒律は公共の眼に触れる場で裸になることを禁止し、公共浴場は破壊されてしまった。現在あるのは復元したものになるが、その面影は残している。

少数民族であったブリトン人はローマ帝国に支配されるが、ローマ帝国人を追い払ってイギリスに定住したのがゲルマン人の一派であるアングロ・サクソンであった。純粋なブリトン人はいなくなったではないかと、ブリトンに対する否定的な意見があるかも知れない。しかし事実として、英国がイングランド・スコットランド・北アイルランドを統合するとその正式国名は Great Britain を名乗ることになる。

英国王室の始祖ノルマン王朝（Norman dynasty）誕生

それではこの書の主人公となるエリザベス一世につながる王室の話に進めたい。世界の王室のなかで最も格式ある、英国王室の血統はいつまで遡れるのだろうか。英国王室には千年続く歴史があると言われている。それ以前の英国には七王国時代（Heptarchy）があった。これはゲルマン系アングロ・サクソン民族の大豪族によるウェセックス王国（Kingdom of Wessex）など七王国がロンドン周辺地域に乱立し、デンマーク周辺のアングロ族やドイツのザクセンから移住してきた民族が英語音のアングロ・サクソン豪族となりエセックス、ケント、サセックス等英国の一部に群雄割拠したもので、王国としての仕組みはなく、英国王室との血の繋がりもないとされている。

現在の英国王室と血統が繋がるのは、エリザベス二世が基盤を固めたチューダー王朝を遡り、一〇二七年のノルマン王朝になる。英国王室千年の歴史はここから始まると言って良い。ノルマン王朝（Norman dynasty）はその呼称のように、フランスのノルマンディー地域に根付いた大豪族が英国に進出、樹立したとされる。英国王室の始祖は純粋な英国本土人ではなく、ノルマン系英国人であった。この祖先の存在は、その後の英国人に近親憎悪のような屈折した意識をもたらした。英仏百年戦争や赤薔薇と白薔薇の三十年戦争などのように英仏の柵は開戦しては休戦、戦疲れがとれたらまた再戦するというしつこい争いを続けた一因になろう。

国境によって領土が確定した主権国家になるにはこのあと約五百年を要した。それでも英仏の近親憎悪は解消されなかった。仏国はアメリカ独立戦争で英国に敵対し、島国英国は、大陸の蘭国＋普国対仏国の争いであったワーテルローの戦い（Battle of Waterloo）に介入し仏国の英雄ナポレオン・ボナパルト（Napoléon Bonaparte）を捕え、セントヘレナ島に流刑した。歴史的繋がりが深い隣国間に近親憎悪のようなものが避けられないのは、日本も同様であるが、ここでは言及しない。

英国と仏国のご近所争いは、地形の影響もあった。ドーバー海峡（ Strait of Dover ）、フランス名はカレー海峡（Pas de Calais）はその幅が僅か三十キロ程度であり、海峡は相互の防衛柵にならなかった。

英国を発展させたプランタジネット王朝（Plantagenet dynasty）

ノルマン王朝のあと、英国を一時的とは言え欧州一の領土を有する大国に発展させるのが、一一五四年に始まるプランタジネット王朝（Plantagenet dynasty）になる。日本人に聞きなれないプランタジネット（Planta genesta）とはマメ科植物のエニシダ、日本名は金雀枝になる。プランタジネット王朝の始祖アンジュー伯がフランス人であったことは、フランスによる征服王朝と言えるかもしれない。プランタジネット王朝の頃のフランスの国力は英国の何倍も大きく、英国にとって仏国の支配圏から脱するのは容易ではなかった。

ノルマン朝最後の国王ヘンリー一世は、娘にフランス大貴族のアンジュー伯ジョフロワ四世と結婚させた。ジョフロワ四世は戦場に向かう時は己の鉄兜にエニシダの枝を差し込んで出陣したことから、planta genesta 王と俗称された。その息子アンリには英語式発音のヘンリー（二世）を名のらせ君主教育を施した。

ヘンリー二世は、フランス王ルイ七世が若い娘を望んで離婚させられたアリエノール・ダキテーヌ（Aliénor d'Aquitaine）妃が妖艶なことから夢中になり、正妻に迎えいれた。十一歳も年上の妻アリエノールから莫大な持参金替わりのダキテーヌ領地も得て、アンジュー伯のフランスを縦断する広大な領地に加え英国の領土を併せ持ち、英国から地中海に達する大領土を得た。もっとも此のころは国家意識が希薄で、国土というよりも貴族の領土という位置づけで、貴族が別の国に移ってもその領地は外地から支配権があり、本国の王位継承も主張できた。地中海にまで達する領土を欲したのは英国の気候が農業に適さなかったからであろう。イギリス人民を飢えさせず大きな軍隊を養う為に、肥沃な大農地は必須になった。太陽が輝く国フランスは西欧最大の小麦生産地なのに、英国は真逆で気候には恵まれない。秋が短く春は遅い英国の小麦生産は僅かであった。スコットランドなどは日照量が少なくても栽培できる大麦が中心になった。しかし大麦は大味でパンに適さないから、麦芽を発酵させてエールビールやそれを蒸留してウイスキーに転用すれば良いとしたのは、スコットランド人やアイルランド人の英知と言える。

余談になるがＮＨＫ朝ドラ「マッサン」の主題歌〃麦の唄〃とともに金色に光り輝く麦畑の映像がスコットランドの農地のように放映されたが、あのように光り輝く小麦（大麦ではない）畑があったなら、フランスと何度も戦わなかった。放映された光あふれる小麦畑はフランスかイタリアであったろう。

西ヨーロッパ最大の領地を確保した偉大な父ヘンリー二世に負けないと息子のジョンは大軍を率いてフランスに出征したが、これを迎え撃ったフランス王ルイ七世と貴族や豪族はジョンとの戦いに大勝し、その領地を没収した。ジョンは莫大な軍事費を集める為、重税を課したが全く軍事的才能はなく連戦連敗、領地を激減させ英国民から馬鹿扱いされることになってしまった。

ジョンはKing of Englandから、King the Lack land（失地王）とあざけられ廃帝の危機にあったが、国王を続けるため英国議会と妥協したのが、英国史に名高いマグナカルタ大憲章（ラテン語Magna Carta Libertatum）である。ラテン語に精通しない庶民には分からないので、英語はGreat Charter of the Libertiesと容易にした。国王の専制を制限し議会の権限を強化させる大憲章により、ついに英国には、仏・露のように王制廃止と国王を処刑する革命が惹起されることなく、この後にエリザベス一世女王、そして現在のエリザベス二世女王に王制とその血統が繋がっていく。

ジョン失地王に話は戻る。ジョンが承認したマグナカルタ大憲章を足掛かりに諸侯達はジョンの息子ヘンリー三世に圧力をかけ、一二五九年オックスフォード条項（Provisions of Oxford）を取り決め、王権を著しく制限、大臣の任命権や地方行政に関し諸侯の王政監査を認めさせた。これは国王の権限を公式文書にして承認させたことから、英国初の憲法と見なす学説さえある。この英国王主権の制限は、ヘンリー三世の子エドワード一世から、曾孫のエドワード三世と継承されてゆくが、エドワード三世は反撃にでた。自らの王権を強化するため起死回生の策として、英仏百年戦争を仕掛けるのである。その発端はフランス王位継承権であった。当時のフランスには女性の王位継承権はなく、国王フィリップ四世に男子はなかった。そこに着目したエドワード三世は母がフィリップ四世の娘であるから息子のエドワード三世に王位継承権ありと主張した（注③）。

フランスから拒否されることを待っていたかのように、一三三七年フランスに対し宣戦布告した。イングランドは、フランスに勝てると見くびっていた。当時のイングランドとスコットランドは別の王国であった（注④）。対仏戦争にイングランドが疲弊すると、身内と思っていたスコットランドに攻め込まれてしまう。戦争に疲弊すると休戦し戦力を整備復活させ、また再戦を何度も繰り返し約百年も続けてしまうことになるとはエドワード三世も想定外であったろう。日本も中国との三十年戦争を止められなかったように、開戦は容易く、統治者昭和天皇が望んでも停戦できなかった。

ランカスター王朝（Lancaster dynasty）
ヘンリー五世軍、ジャンヌダルクを処刑

このエドワード三世も老いて四男のジョンオブ・ゴーントは名門ランカスター公爵家の娘ブランシエ・ランカスターと結婚、一三九九年ランカスター王朝を創設し、ヘンリー四世を名のった。ちなみにエリザベス（二世）女王はランカスター公爵位を保有されている（注④）。その名門の家名が約六百年続いていることは日本の皇室に似て、由緒正しく遡れることこそ一流の王室の証とされる。

ヘンリー四世の子である五世はイギリス軍の覇気を取り戻し百年戦争を再開、フランス各地の戦闘

に勝利した。ヘンリー五世軍に包囲されたオレルアンに神の啓示を受けたとする少女ジャンヌ・ダルクが救世主の如く現れ、五世軍を一度は押し返す。フランスの英雄ジャンヌの大活躍も自前の軍も親衛隊もない寄せ集めには、ジャンヌの首に懸賞金をつけると裏切る者がでてきた。

ヘンリー五世軍はジャンヌを捕えると敗軍の将に敬意を示すどころか魔女に貶め、戦地で異端裁判をした。しかし、拷問しても魔女であるとの自白は得られなかったが、魔女とみなして火あぶりで処刑したという、有名なジャンヌ・ダルクの悲劇があった。

ジョン失地王が失った領地を取り戻し、フランス国王シャルル六世の娘を妻にして一時とはいえ、英仏両国の国王に即位した。ここにランカスター王朝は日の出の勢いで最盛期を迎えた。しかしその王朝も落日を見ることになる。王朝が傾いたのは百年戦争がもたらした財政破綻であった。休み休みとはいえ、百年も戦争して、財政に貢献する賠償金や宝物や領土などが得られなくては無理もなかった。

一四五三年ヘンリー五世の息子、六世がようやく百年戦争を終結させた。その功労者ヘンリー六世も病になり衰えを見せると、公然と反乱し王位簒奪に動いたのがヨーク公爵である。病み衰えた夫に代わって息子と共にランカスター王朝を守ろうとしたのが、フランスから嫁入りしたマーガレット・オブ・アンジューと息子である。生き残った最後のランカスター軍を集め一度はヨーク公爵軍を追い払うが、ついにマーガレットとその息子エドワード・オブ・ウェストミンスターは敗れ、母は母国フランスに亡命、エドワードは若干二十七歳で敗死し、ランカスター王朝は終焉、公爵に下がる。

この戦いは薔薇戦争と呼ばれるが実態は王位継承戦争である。赤い薔薇がランカスター王朝、白い薔薇がヨーク公爵である。白薔薇が赤薔薇を散らせたことになる。

英国王族の中にこのような花を愛し家紋に取り込み軍団の旗にして、血なまぐさい殺戮に明け暮れた王族や武将にも花を愛でる一面を見せたことは、残酷なところが多々あるイギリス王族史に少しは心和らぐ思いがする。

白薔薇のヨーク朝に話を進める。ヨーク朝の開祖エドワード四世はその肖像画を見るとイケメンの顔立ちである。容姿に自信があり美貌の女性を見ると、みさかいなく口説き落としていた。周囲にはランカスターの残党のような反ヨーク派も少なくなかったにも関わらず、ヨーク朝の基盤固めをする気はなく、族将は離れていった。ヨーク朝は僅か三代二十一年で消えた王朝になった。

その次にこの書の主人公エリザベス一世のチューダー王朝が出現する。

◎第一章　注釈

注①「幕末・明治の外交交渉と外国人」更級悠哉著　P20
注　「ロンドン近郊のローマ風呂の写真」筆者の友人Wendyが2019年に現地撮影
注②「テムズとともに　英国の二年間」徳仁親王著 P156
注③⑤「イギリス王室　一〇〇〇年の歴史」指　昭博監修　P90、P36
注④「百年戦争　中世ヨーロッパ最後の戦い」佐藤　猛著　P6

第二章　エリザベス一世の王位継承と徳川家康の征夷大将軍就任

エリザベス一世はチューダー王朝の王妃として誕生する。王朝の紋章は、薔薇戦争が解決したかのように、ランカスター家の赤薔薇を周辺に、中央にヨーク家の白薔薇を配し、ライオンや鷲などの猛獣は付加せず、両家仲良く融和したとイメージさせる美しい家紋である。

チューダー王朝（Tudor dynasty）の開祖ヘンリー七世

薔薇戦争（Wars of the Roses）に勝利したヨーク公爵家は、ヘンリー・チューダーを主将とするランカスター家に滅ぼされる。そのランカスター家に男系は絶えたことをみて、ヘンリー・チューダーは母マーガレット・ボーフォートがランカスター家傍系のボーフォート家の出身であったことから王位継承権を主張し、ヘンリー七世を名のり、チューダー王朝の開祖となる。七世の陰謀好きは子の八世にも引き継がれるが、構想したのはヘンリー七世の祖父、オウエン・テューダーとされる。オウエンの出自はウェールズの一豪族であるが、英国王ヘンリー五世の未亡人キャサリン・ヴァロワとの婚姻に成功し、一躍国王の一族に繋がる大願を成就した。未亡人になっていたキャサリン・ヴァロワとは、名前から分かるようにフランス王朝から英国を従属させようと送り込まれた王妃になるが、ヘンリー五世が死去すると英国王の側近たちから疎まれ、孤立していたこともオウエン・テューダーとの再婚に踏み切った理由になろう。

かくしてプランタジネット王朝最後のヘンリー国王の系譜に入り込んだオウエン・テューダーは、孫のヘンリー七世にチューダー王朝を開かせ、死去した。策士オウエン・テューダーがいなくなればイングランドを属国にできようと、当時欧州最強国イスパニアが婚姻政策をとる。ヘンリー七世の長男で皇太子アーサーの身元調査をすると、アーサーは父と真逆で野望がないとの報告に喜び、この皇太子なら手なずけやすいと考え、妃に送り込まれたのがキャサリン・オブ・アラゴンであった。オブ(of)を付けてアラゴンのキャサリンと称したようにイベリア半島を二分する大国アラゴン(Aragon)王国の王女である。キャサリンとの新婚初夜が明けると、アーサーは近習にエール（イギリス名産の美味なビール）を用意させた。

「余はイスパニアの大事な真ん中を見てきたぞ（注①）」とアーサーの寝室の近くで待機し、昼も夜も二十四時間体制で宿直しアーサーを守っている近習達にその喜びを伝えたのである。

「殿下、万歳！　万歳！」と近習達は褒めそやした。しかしアーサー皇太子の喜びは、儚かった。何とその幸福の絶頂時から数日もしないうちに急死してしまった。

ヘンリー七世の長子アーサーが元気盛んな十六歳で急逝したのは不自然、と考える歴史家は少なくない。凡庸なアーサーは美人妻の言いなりになり、その実家で欧州最強国イスパニアとの親交を深めようとしていた。アーサーが国王になればイスパニアの属国にされると危ぶんだ側近がいた可能性は否定できない。

余談になるが、イスパニア王妃はフランス王妃と共に欧州各国の宮廷に美麗なシルクの衣装をもたらした。胸を上にあげ、ウエストを食事もできないほど強くしめつけ、腰から下のスカートは鯨の髭を曲げ入れて大きく膨らませた衣装は王妃から貴族婦人の正装として広まり、さらに大西洋を越えてアメリカ南部の大農場主の娘にまで愛用された。有名な「風と共に去りぬ」のヒロインが舞踏会に着用する豪華な衣装として新大陸にまで広がった。宮廷衣装が貴族を経て上流階級に文化が伝搬された一例になる。

英国中興の祖　ヘンリー八世の治世

ヘンリー八世は王位を虎視眈々と狙っていたのであろう。あのような凡庸な兄がキャサリン王妃に取り込まれ、親イスパニア国にされては、英国は衰退する。余が強い国王になり、英国をイスパニアと同等になる。兄アーサー皇太子の不慮の死により国王に即位したヘンリー八世は、カトリック支配から脱する手段を考えていた。カトリックの豪勢な儀式や、生活に染み込ませた習俗を少しずつ簡素にしていかなければ、カトリックの歴史的な重圧となる巨大な大聖堂やその内陣にある豪華な装飾品に圧倒され、カネのない国王や新宗教である英国国教会は埋没しかねない。国教会は教徒に対する習俗上の縛りを少しずつ緩め門戸を広くし、教会税や寄付金も少額にして教徒の負担を軽減し、全土に国教会を広めてゆく。

ヘンリー八世の野望は、兄嫁だった美貌のキャサリン・オブ・アラゴンを妻にして何としても息子を産ませようとした。キャサリンが持参金のように持ち込んだ莫大な財宝も魅力であった。しかしキャサリンは長女メアリーを産んだあとも息子は産めなかった。ヘンリー八世はキャサリンをあきらめ、頃合いを見てキンボルトン城に幽閉、ほどなく侍女に抱かれて病死したと公式に記録させ、イスパニアと断交した。

王宮でキャサリンの死を待ち望んでいたヘンリー八世と侍女のアン・ブーリンは手を取り合って大喜びしたと伝えられていることから、密かに毒殺された可能性もある。

ヘンリー八世には一時の妾は数多いが、それとは別に二度も離婚し美女を次々とわが物にしてきたが、離婚を認めさせるためにカトリックと断交したとするのが定説であった。

しかし筆者には、その因果関係は逆に思える。カトリックとの断交が先にあり、そのために許されざる離婚問題を作り出したのではないだろうか。英国内のカトリック教会は教会税を領民から収奪し、その大半をローマ教皇に上納していた。英国の民衆が苦労して稼いだ汗と涙のお布施を何故バチカンに持っていかれるのか。カトリック教会を廃止し、その蓄財は英国王が没収するのが上策であろうとヘンリー八世は考え、イングランドとウェールズ地域の全てのカトリック教会と修道院千近くを廃寺にして、その土地・建物・荘園などを全て没収した。その固定資産総額は年に十三万ポンド、加えてカトリック司祭の金銀財宝七万五千ポンドは国王の年収よりはるかに多かった(注②)。このカトリック財産没収によりヘンリーのチューダー王朝は英国最大の資産家にのし上がった。イスパニアやフランスの国王の足元にも及ばなかった貧乏な国王が大金持ちの国王になったと隣国から畏怖された。

カトリック教会の破却と財産没収はローマ教皇に報告されていたが、その情報網も潰される。ローマ教皇がイングランド介入に役立つインサイダー情報が遮断されると、ヘンリー八世の治世は強固になり、豊かな財力を基に軍事力を強化し、一五三四年国王が国教会トップの大主教を任命する国王至上法（Act of Supremacy）を施行した。国王と大主教のどちらが上位にあって、指示できるのか、明確にさせたのである。

当時の欧州はカトリック教皇に叙任された大司教と、その大司教が任命した国王による二重権力の支配があった。大司教から指示されたローマ教皇の命令、即ち十字軍というカトリック連合軍に参加させられ、軍艦や輸送船始め武器・食料・軍資金に軍馬まで用意し地中海に遠征、何度もイスラム軍と戦闘になり、部下の戦病死と国家財政を疲弊させたカトリック教皇への反抗が芽生えていたことも無視できない。ヘンリー八世は、欧州大陸から見れば小さな島国に過ぎなかったイングランドが隣国フランスやイタリアにまで遠征軍を派遣する強国に仕上げたことから、英国中興の祖とされる。

ヘンリー八世、エリザベス一世の実母アン・ブーリンを処刑

アン・ブーリン（Anne Boleyn）は、曾祖父の代まで農民の家系とされる。立身出世に熱心であった父のトーマス・ブーリンは駐仏大使格に任じられると娘のアンを王妃キャサリン・オブ・アラゴン付き侍女として宮廷に送り込んだ。好色な国王ヘンリー八世が目をつけた。最初の妻キャサリンは男子を生めないとわかると早速離婚、幽閉死、アン・ブーリンを喜ばせ事実婚したことは既述した。

アンが産んだ子が娘とわかるとエリザベス一世と名付けたが、どうしても男子が欲しいヘンリー八

世は、再離婚は公認されないと思い込み、アンが不倫したと無実の罪を着せ、離婚ではなく処刑し、婚姻履歴を消した。アンは正式な王妃になれば簡単には処刑されないと考え、何度も王妃の地位を願ったがヘンリー八世は拒否し、うるさがれたことも悲劇に繋がった。不用になった愛妾は不倫の濡れ衣を着せられ、ロンドン搭で斬首される運命が待っていた。

ヘンリー八世はせめてもの情けとして、元妻アン・ブーリンの斬首の苦しみは一瞬にしてやろうと、ギロチンにより斬首に慣れているフランスから、腕利きの介錯人を呼び寄せた。

アン・ブーリンは斬首される前に一言恨みを言い残したと伝えられる。

「大した手間はとらせないわ。私の首は細いですもの」王妃はひざまずいて祈りを唱え始めるや否や、一撃で斬首された（注③）。

エリザベス一世誕生

エリザベス一世は、ヘンリー八世の側室アン・ブーリンの娘として一五三三年に出生した。それから十年後にポルトガルから日本に火縄銃が伝来する。火縄銃は、刀や槍は勿論弓矢も届かない遠距離の敵を倒せることで、日本の戦国時代を終焉させ、天下統一をもたらした。ポルトガルとイスパニアが始めた大航海時代が、西洋から日本にも押し寄せてきたのである。ポルトガル人の火縄銃は日本各地の戦国大名達に驚異的な武器と知れ渡ると、遥か彼方に存在する世界最強国家のポルトガルやイスパニアを嫌でも意識せざるを得なくなった。世界は印度の天竺が終点ではなく、その先にある欧州が世界の覇権を握っているのだ、と。

日本の天下を統一する徳川家康（幼名松平竹千代）は、エリザベス一世に九年遅れ一五四二年に出生した。西と東に遠く離れた二人の関わりは第三章で詳述するが、八世と家康二人の絶対権力者に奇しくも共通するところは、妻に不倫や反逆の罪を着せ、処刑したことであろう。

エリザベスの実母アン・ブーリンが実父に処刑されたのは、エリザベスが三歳の幼女の頃であった。母処刑のことはエリザベスには極秘にされていたが、母が何の言葉を残さずに突然いなくなったことに悲しみ、長く母の姿を追い求めていた。母は不倫の濡れ衣を着せられ処刑されたと密かに知らされると、母を殺した国王の父を恐怖した少女時代を過ごしたが、それはエリザベスの精神を強くした。

八世が死ぬとエリザベスの異母兄エドワード六世（Edward VI）の治世になる。六世の爛漫な性格を知るエリザベスはやっと穏やかな時代になったと心から喜んだが、それも六年で終わった。異母兄エドワード六世は十六歳の元気盛んな時に病死したことは、プロテスタントの神も佳人薄命にするようである。

エリザベスはこのあと、異母姉メアリー一世により牢獄に幽閉される。異母兄エドワード六世治世の天国から、異母姉メアリーの治世する地獄が待っていた。

Jane Grey の処刑　Wikipedia より

レディ・ジェーン・グレイ悲劇の処刑

エドワード六世の死去により、次の後継者はヘンリー八世の長女メアリー一世とヘンリー七世の血筋のジェーン・グレイ（Jane Grey）とされた。カトリックに凝り固まったメアリー一世とは真逆の可憐な十五歳の少女ジェーンは国民に慕われ、ヘンリー七世の血筋で王位継承権がある故に、メアリーに先駆けて九日間とはいえ女王に即位した。ジェーンの女王の地位が既成事実として永続しないよう、メアリー一世は先制攻撃にでてジェーンを捕え、アン・ブーリンと同じくロンドン搭地下にある処刑室で、反逆罪による斬首刑を命令した。

ジェーン斬首用の大きな斧を持つ屈強な処刑人を右に、その隣には白絹で目隠しされたジェーンの腕に手を添え、

「これから元女王様は、天国に召されます。心穏やかに」と因果を囁くのはメアリーに叙任されたカトリック神父、少し離れて天を仰いで泣き顔でひたすら祈りを捧げる侍女を描いた名画「レディ・ジェーン・グレイの処刑」は英国王室の光と影を語る絵画としてあまりに有名である。ジェーンはメアリー反抗勢力の旗頭に担がれただけで、十五歳の美少女は反乱に関わらなかったとの説が有力なだけに一層の哀れを誘う。

エリザベス、二人のメアリーに勝ち、宗教改革へ

メアリー一世はジェーンを処刑すると、ジェーンの即位はなかったことにして、一五五三年英国初めての女王と自称する。メアリー一世は英国にカトリックを復活させ、ローマ教皇と誼を戻した。ローマ教皇は、消えかけたイングランドカトリックの火が灯ったことに喝采し、メアリーのイスパニア王フェリペ二世（Felipe II）との結婚を祝福した。

フェリペ二世が本国と植民地の経営やフランスとの戦争準備に追われ、同じカトリックのスコット

ランドと誼を深めなかったことはイングランドには幸いであった。もしも、フェリペ二世が英国女王の夫として、ロンドンのチューダー宮殿に住み、英国統治に本気になっていたら、英国はひとたまりもなくイスパニアの属国になっていたし、エリザベスも女王になれなかった。イスパニアは世界史上の絶頂期にありポルトガルを併合、フランスとは敵対するが、スコットランドとは友好関係を維持しようとした。その戦略には、バランス・オブ・パワー（欧州主要国間の国際秩序を維持するために各国の軍事力に一定の等質性（パリティ）で保障しようとする十九世紀の考え方の先取りがあったと言えよう。

メアリー一世は、敬虔なカトリックを信仰してきた母キャサリンの教えを忠実に守り、プロテスタントを大弾圧し三百人以上を処刑したことから、ブラッデイ（血まみれ Bloody）マリーと揶揄された。片仮名にするとマリーとメアリーは別人と誤解されかねないが、表記は Mary で同一人である。その頃から流行し始めたトマトジュースとスピリッツのカクテル、ブラッデイ・マリーの語源とされ、悪名はつけられても美名はないままメアリー一世は在位五年にして病に冒される。

異母妹エリザベス一世への譲位要求の声が聞こえると神経質になったメアリー一世は頼みの綱であった夫のフェリペ国王にエリザベスの処分を密かに相談してみた。

「殿下、余の儀にあらずエリザベスのことでございますが、余が殿下の子を産めないまま神に召されることになれば、ヘンリー八世は、次の後継者はエリザベスと遺言なさいました。せっかくイングランドを神の世界に相応しいカトリックに正しくさせた事が無になります。いっそのこと、エリザベスを異端者として処分しては如何でございましょう？」

「メアリー、その気持ちは分からぬでもないが、どうであろうかな。エリザベスを葬れば次はスコットランド女王のメアリー・スチュアートが後継者になろう」

エリザベスを追いつめた異母姉メアリー一世と、もう一人のメアリーがいた。エリザベスに叛旗を翻す、不倶戴天の仇のようなメアリー・スチュアートである。二人は奇しくも同じメアリーの名前であったことも歴史の面白さの一つになろう。

「メアリー・スチュアートはカトリックですから、エリザベスより遥かにましでしょう」

「朕は、メアリー・スチュアートがフランソア二世と結婚以来フランスにのめり込み、エリザベスを葬って、朕の敵国フランスと同盟する気でいる。それはイングランドの為にもならないと思うぞ（注④）」

メアリー一世に運命の女神は微笑まなかった。死因は卵巣腫瘍（癌）とされている。メアリー一世の大きな失政は、母の母国イスパニアと同盟し、フランスに戦争を仕掛け、敗戦したことにある。百年戦争で苦心して獲得したフランス内の領地カレーを奪われたことで国民から信を失った。巨額の税を負担し徴兵され、命を懸けて戦っても敗戦になれば英国女王は、人民から怨嗟の怒号に苛まれた。

メアリー一世に幽閉されていた、エリザベスは三百一人目の処刑者にされる恐怖に日々怯えていたが、メアリーの死去によりエリザベスは牢獄から解放され、一五五八年、二十五歳で即位する。以降四十五年間の長きにわたりイギリス最初の黄金時代を築いたことはあまりに有名である。

メアリー・スチュアートはエリザベスの即位に当て擦りのように、メアリーの夫のフランソア二世のパリの宮殿で大胆な発言をした。

〝エリザベスは庶子の子よ。ラテン語もわからぬ無教養者でイギリス女王に相応しくない。相応しいのはヘンリー七世の血統を継いだスコットランド女王の我なのだ〟と各国からの招待客の前で宣言し、それを伝え聞いたエリザベス女王を激怒させた。

軍馬も乗りこなし活発なメアリー・スチュアートは、北の国スコットランドで美しい湖水が多いとはいえ、太陽の日差しが乏しい宮殿におとなしく閉じこもる王妃ではなかった。病弱なフランソア二世が早死にするとパリに留まらず、生誕の地スコットランドに帰ったが、十八歳の娘盛りで出戻り女になったメアリーにスコットランド人の風当たりは厳しかった。逆風に負けぬと若い詩人と親しくしていると、醜聞になる。女王の寝室に近づいた嫌疑で詩人を処刑させ、艶聞を消した。

メアリー・スチュアートは怯まなかった。二十三歳で二度目の結婚をする。相手はヘンリー七世の曾孫ダーンリ卿であるがこの男が気に入らなくなると、不倫相手のボスウェル伯に夫を謀殺させ、三度目の結婚をした。この辺りはヘンリー八世の狂気のようなＤＮＡがあったのかもしれない。危険なことは好きだがバランス・オブ・パワー外交はできなかった。もし、イスパニアの敵国になったフランスとの外交を断絶しイスパニアと同盟していたら、フェリペ二世の強力な援軍や、得意のハニートラップで味方に引き入れた諸侯軍の力も得られ、メアリー・スチュアートはエリザベス女王を葬ったであろう。しかし人望に欠けるメアリー・スチュアートがかき集めた兵力は六千人程度に終わった。それでも決戦を挑んだがエリザベス一世に敵うわけがなく、生け捕りにされ、メアリー・スチュアートは牢獄の中で処刑を待つだけになった。

エリザベスが心配したもう一人のメアリーがいた。メアリー・ハインであるがこの後第三章で登場させたい。

イギリスの国王や女王の地位は円満な譲位ではなく力で簒奪したものが多かったが、エリザベスは女王の座を熾烈な権力闘争で奪取しなかった。その地位に上り詰めた先には、苦難の人生があることは十分に覚悟し、退き際も考えていた。エリザベス一世が父のプロテスタント宗教政策を踏襲し、カトリックへの弾圧を強め英国国教会を強化したことはドイツのマルティン・ルター（Martin Luther）と並ぶ英国の宗教改革と称された。

しかし英国の宗教改革は、神学者ルターによる宗教改革とは大きく異なっていた。ルターのカトリック教皇批判はどうであったか。

〝この男（教皇）は一体誰なのだ。彼はこの世のキリスト教の代表だと言われてきたが、彼こそキリストの本当の敵、アンチ・キリストなのだ。彼は荘厳な住まいに暮らし、三重の王冠をかぶり、彼と会った信者は必ずしも清潔ではない彼の爪先に口づけをしなければならず、移動の際には、彼は多くの僕によって肩の上の高さに担ぎ上げられて運ばれる。聖書には、キリストは自らの足で歩いたと書かれているのに〟

ルターの宗教改革のメッセージは『キリスト教はローマ教会だけのものではない』(注⑤)とカトリック教会に挑戦した。カトリック教会の聖書はラテン語であり、聖職者以外にはラテン語を教えず、神父が話すまま信じこませていた。ルターがドイツ語に翻訳してドイツ語で聖書を読めるようにしたのは一五三四年でエリザベス一世誕生の翌年であるが、この時から聖書は自ら読むものになり、カトリック教会には行かなくなった。英国で聖書を欽定英訳させたのがエリザベス後継のジェームズ一世であるが、プロテスタント地域ではラテン語聖書と神父は衰退してゆく。

英国は国王や女王が国を挙げて改革を推進し、カトリック神父が英国国教会の牧師に変身したことは信徒に大きな影響を及ぼした。その劇的な変化は、僧職者が人間の基本的権利を享受できることに始まった。カトリックでは禁止されていた妻帯の自由である。聖職者でも妻帯し子孫を残したい。神の御前に召される時には一人で旅立つとしても、臨終の時は妻子に見送られたいと思うのは人間の本性ではないだろうか。プロテスタント牧師の子供には遺産相続権も聖職受任権も認め、聖職者の世襲が許された。それが許されなかったカトリックと全く異なる英国国教会聖職者への特恵は、カトリック聖職者を一気に英国国教会牧師に宗旨変えさせ、国王と聖職者の関係は密接になり、エリザベスの治世も揺るぎないものにさせた。

核心となる教義の大きな修正もされた。カトリックの七つもある秘跡を二つ、洗礼と聖餐に限定、牧師と信徒の業務を軽減した。宗教には秘跡がつきものであり、多ければ多いほど聖職者の神秘性を高めるが、反面見破られるとその反動は大きい。筆者がこのように英国国教会とカトリックの反目について様々書くのは、ヘンリー八世とエリザベス一世の宗教改革が弱小国家であった英国を大国にして、近代国家の礎を築いたと思うことにある。すなわち英国国王と国教会を語らずして、英国近代史に迫れない。

それでは、英国国教会以前のカトリック教徒の生きざまはどうであったか。カトリックは庶民の生活に不可欠なものになっていた。出生に始まり洗礼も結婚や葬儀まで地区を管轄する教会が全て取り仕切り、洗礼簿に記録していた。記録されなかったのは教区長から簿外扱いされていたジプシーのような異教徒である。洗礼簿にない彼らには永住権はなくいずれは教区から追放される運命にあった。

教区カトリック教会には上部教会の大司祭が定期的に巡察を行い、地区司祭が職務を適切に行っているか監査していた。司祭は毎日曜日のミサの内容を聴取し、次に教会税を滞納する信徒がいないか、信徒にしっかり懺悔させているか、懺悔には本人は勿論配偶者の行動も含まれ、聖書の教えに反する不義密通や同性愛や借金などプライバシーの秘密は握られていた。カトリックは、宗教儀式を荘厳にして聖職者は豪華絢爛な礼服と帽子を纏い、教徒を圧倒的に心酔させてきた。

郵 便 は が き

103－0014

恐縮ですが、
切手を貼って
お出しください

東京都中央区日本橋蛎殻町1丁目
35－2 グレインズビル5階52号

青山ライフ出版
読者カード係 行

通信欄

ご意見・ご感想などお寄せください。小社ウェブサイト（http://aoyamalife.co.jp）で紹介させていただく場合がございます。あらかじめご了承ください。

読者カード

青山ライフ出版の本をご購入いただき、どうもありがとうございます。

●本書の書名

●ご購入店は

・本書を購入された動機をお聞かせください

・最近読んで面白かった本は何ですか

・ご関心のあるジャンルをお聞かせください

・新刊案内、自費出版の案内、キャンペーン情報などをお知らせする青山ライフ出版のメール案内を（希望する／希望しない）

★ご希望の方は下記欄に、メールアドレスを必ずご記入ください

・将来、ご自身で本を出すことを（考えている／考えていない）

（ふりがな） お名前	
郵便番号	ご住所
電話	
E メール	

・ご記入いただいた個人情報は、返信・連絡・新刊の案内、ご希望された方へのメール案内配信以外には、いかなる目的にも使用しません。

国王のように力で庶民を押さえつけるのではなく、神の意志として生活習慣や結婚や出産や葬式までの一生を世話してきた。教徒が喜んで大寺院の高額な建設費を寄付させるために荘厳な聖堂を造り上げ、カトリックという最高の宗教ブランドに有難く大金を布施（献金）させてきた。国教会はこの司祭や大司祭の権限を少しずつ弱くし、教会も荘厳なゴシック建築から簡素な造りにして建設費を軽減、さらにカトリック大本山バチカンへの上納金もやめ、国教徒の負担を軽くした。

しかしこのような国教会の改革はキリスト教そのものを損壊するとローマ教皇の怒を買い、教皇から異端者とされたエリザベス女王の暗殺未遂事件を招くことになる。エリザベスは女王になると、その地位を守るためには一瞬の隙も見せないことと反逆は許さない絶対的な権力が不可欠になることをいやでも信念にせざるを得なかった。

徳川家康と宗教戦争

エリザベス一世が管理したキリスト教に対し、家康の宗教戦争はどうなっていたか。一四八八年、日本の宗教戦争となる一向一揆が加賀で勃発した。この一向宗法主が指示した一揆は各地に燃え広がり、戦国大名を悩ませていた。

一向宗とは浄土真宗本願寺派の分派とされ、カトリックのように支配は一国にとどまらず近畿や北陸、さらに三河や東海一円など広範囲に根を張っていた。一向宗の門徒衆は僧侶や農民に留まらず地侍も巻き込んでいた。その有名な武将が後に家康側近に抜擢される本田正信である。彼らは領国を越えて加勢しあい、それぞれの領主権力と戦うこと五十年の長きになっていた。

国境を定めてそれぞれ戦国大名が領国支配するから合戦になるのだ。蓮如上人様御一人を敬って領地を献上すれば平和な世になると、生まれ育った三河のみならず国境を越え、加賀や長島や石山など各地の一向一揆に馳せ参じていた。三河に一向一揆が勃発すると、当然のように加賀・長島・石山などの一向宗門徒が勢ぞろいして大援軍となって家康に刃向かう。負ければ領地は一向宗のものになる。家康はその宗教に凝り固まった軍勢の鎮圧に苦慮させられてきた。

一向宗門徒との宗教戦争は家康の前の秀吉も同様であった。門徒衆は領主と本願寺と両方に年貢を納められるほど裕福ではないし、仮に裕福であっても門徒であれば寺が大事で、領主に年貢を納税する気はなかった。領主から見れば一向宗門徒が増えれば増えるほど、領地はあっても年貢はとれなくなっていった。

西欧のカトリック教皇のように領国の国境など全く意識しない、日本の国家宗教をめざしたのは大阪本願寺の蓮如上人であろう。この一向宗門徒衆は死ねば極楽と、死ぬことを怖れない強さは、傭兵のような足軽雑兵を圧倒した。武将一族が代々命を掛けて切り取った一国など無視するかのように国境を越えて連帯する巨大宗教を滅ぼさなければ、各領主たちの存立が危うくなる。

各地の一向宗大集結を分断したのが信長である。大阪石山本願寺城(後に大改築され大阪城となる)に立て籠った一向宗門徒とそれを支援した毛利の村上水軍を撃破するため、信長は九鬼水軍に百挺櫂を付けた巨船、安宅船を旗艦として敵船を押しつぶす。船足が速い小型船は偵察や切り込みに使う組織戦を仕掛け、村上水軍を敗退させると、木津川河口を封鎖した。各地門徒の援軍や食料・武器を遮断し、孤立無援となった一向宗門徒に総攻撃して、ついに落城させた。

信長は水軍の戦闘力を高く評価し大規模に活用した先駆者であった。足利義昭将軍攻めに防備の堅い陸路を避け、がら空きの琵琶湖水面から九鬼の大船団に大軍を輸送させ一挙に雌雄を決した。天下統一が目前になると、一向宗の大本山浄土真宗と和解したが、宗教戦争は終らなかった。なお抵抗する比叡山延暦寺を一山丸ごと焼き尽くし亡ぼしたのもその善悪は別として、天下統一を狙う者の宗教政策は味方しない宗教は亡ぼす他ない。

秀吉の宗教観は定かではないが、家康は一向宗を諦め、天海大僧正の天台宗本山寛永寺を徳川家代々の菩提寺とした。更に浄土宗の増上寺にも栄えある徳川ブランドを尊ばせた。強大な勢力となった大宗教は安定と永続を求めて時の権力者と最後には和解し、保守化し政権を支え自らの門徒を増殖させるのは、東西を問わず宗教の本質的な姿と言えよう。仏教各派は武家政権に取り込まれ、出生から記録を始め、壮年になると道路や河川の補修作業などに使える体力があるか追記させ、動員できる総数を把握した。さらに、農村から江戸への丁稚奉公や女中奉公に必要な通行手形も菩提寺に発行権があり、檀徒の素性や行動も把握する末端行政組織になった。出生から寺子屋教育に結婚・葬式までの一生を管理する菩提寺を大事にさせたところはカトリック教会のやりかたに似ている。

戦国時代を終えて平和な世になれば、仏教に権威付けが始まる。大僧正の僧服も豪華なものになってゆく。その大僧正の法話で諸大名以下を教え諭し、反逆者を生まぬようにマインドコントロールするのが賢い治世になる。

徳川家康は天台宗に改宗するが、その宗教政策はアダムスから聞き出した、英国国教会の教訓も参考にした。カトリック国とプロテスタント国の争いの中から、一国の統治者に都合が良い宗教政策が考案されたことを知り、家康は外交上のキリスト教対処と、内政上の仏教諸派の管理策を考え始めた。

◎第二章　注釈

注①「ヘンリー八世」陶山昇平著　P54
注②「悪党たちの大英帝国」君塚直隆著　P41
注③「悲劇の女王の物語　儚く散った50人」クリス・ウォルダー著　P137
注④「イギリス宗教改革の光と影　メアリとエリザベスの時代」指昭博著　P41
注⑤「超約ヨーロッパの歴史　グローバルな教養としての欧州史」ジョン・ハースト著　P54

第三章　エリザベス女王、イスパニア無敵艦隊を撃破し東アジア市場探索へ

メアリー一世の病死により即位したエリザベス一世（Elizabeth I）は二十五歳の面長で色白く気品あり凛とした処女であった故に、庶民から The Virgin Queen と呼ばれ尊敬された。エリザベスは生涯結婚せず、伴侶はこの英国なりと宣われたことは世界史に有名である。

結婚を忌避したのは、父ヘンリー八世は実母のアン・ブーリンに不倫の濡れ衣を着せて処刑した忌まわしい夫婦関係がトラウマになった故ではなかったか。父ヘンリーの殺人者という呪われた血筋は残したくなかったのであろう。

ブリテン島の頭に位置するスコットランドの諸侯はカトリックであり、教皇の意を汲み、エリザベス女王に叛旗を翻した。バビントン事件である。アンソニー・バビントンはローマ教皇に異端者エリ

ザベス排除の勅許を請願した。教皇は直ちに請願を認め、〝エリザベスは異端者なり〟と、勅書を発出した。一五六九年のことである。排除とは幽閉ではなく女王暗殺を含む便利な言葉になる。エリザベスの国務大臣格ウォルジンガムは秘密警察の隊長でもあり、反エリザベスの動きには敏感であった。密偵をバビントングループに潜入させていた。そこに驚くべき高位者が浮かび上がった。イスパニアのフィリップ二世も要注意としていたスコットランド女王メアリー・スチュアート（Mary Stuart）である。メアリーは最後の勝負に懸けたが大敗し、牢獄に幽閉されたことは既述した。処刑に臨む死に装束は、絹のドレスに黒光りする貂の毛皮を纏い、斬首の前に脱ぎ遺品として下賜するよう命じたと伝わる。しかし何故か、スコットランド諸侯は救出にも減刑にも動かなかった。

バチカンから国境を越えた教皇ピウス五世の横槍は、却ってブリテン諸侯としての意識を覚醒させてしまい、スコットランド諸侯軍の大反乱には至らなかった。エリザベス女王二十六歳の時であるが、この事件を教訓にして、教皇に再び介入されてイングランドとスコットランド統一を妨害されぬよう、カトリック徹底排除をエリザベスの信念にさせてしまった。

エリザベスはスコットランドから反抗勢力を除くと、イスパニアに対抗できる強国にするために、海軍力育成に傾倒する。海賊上がりのキャプテン・ドレーク（Sir Francis Drake）を英国連合艦隊司令官に抜擢し、イスパニア無敵艦隊との決戦準備を始めさせた。

ウィリアム・アダムスの出生と少年期

徳川家康が出生してからほぼ二十年後の一五六四年、ウィリアム・アダムスはジリンガム(Gillingham)で出生した。父ジョン・アダムスは敬虔な英国国教徒であり、ロンドン地域で最も格式高いセントメアリー・マグダレーン教会(St. Mary Magdalene Church)でアダムスに受洗させた(注①)ことが教会の受洗簿に残っている。

ジリンガムはロンドンの片隅ではなく、漁港に始まり十五世紀になると本格的なドックを整備し造船や船底の修理も行うようになった。毛織物産業が英国に勃興すると、ジリンガムは、ロンドンとロッテルダムなどの欧州大陸を繋ぐ中継港のみならず、当時の英国の主要な輸出品である羊毛や毛織物を積載する大型帆船の整備や新造船などで栄えてきた。

そのジリンガムは、南イングランドからロンドン市内をゆったりと流れるテムズ川と合流するメドウエイ川に立地したことは幸運であったかもしれない。ロンドンの都市化が進み人口が増えるにつれて、テムズ川の水質は劣化し、飲料に適さなくなる。

遊びたい盛りの十二歳の少年に不幸が襲った。腕の良いShip wright(船大工)の父が急逝した。日々の生活に追われ、アダムス家未亡人には子供の学業などに費やす余裕はなかった。アダムスは、父の友人でロンドン近くのライムハウスでShip wright Myster（船大工の棟梁）ニコラス・ディギンズの下に徒弟奉公することになった。現代なら子供の人権を守れになるが、其のころは欧州各国でも子供は労働者として普通に使役された。そこで船の基本的な構造から新品帆布取り付けや寄港してきた帆船の破れた帆布の補修縫いも覚えさせられ、アダムスは船大工の様々な実技を身に付けた。

大洋の荒浪に耐える船の強度は堅いOAK（樫）の竜骨や舷側の板材で保たれている。素性の良い樫の木材や大工道具の見極めや部材の運搬の次は、船底の補修や舷側の水漏れ防止用充填材の埋め込み仕事が待っていた。船の修理で大事になのは、船を乾ドックに引き上げて船底にこびりついた石灰質の甲殻、牡蠣の一種であるフジツボを全て取り除く作業である。これを怠ると港に停泊中に何十ものフジツボが船底に取りつき、時間とともに船底に小さな穴を穿ち浸水させ、沈没させてしまう。ドックに引き上げられた船底に潜り込むには、体の小さい少年労働者が重宝された。子供にもできる帆布の修理もあった。破れた帆布を補修縫、甲板や舷側のペンキ塗り、舷側の側板は重ね貼りしているが、それでも浸入する海水にシーリング材を充填し対処する。海上物流が減り船の新造も減る冬季になると天気は最悪でも仕事には一息つけた。

アダムス少年が沿岸用小型漁船の造船手伝いから始めて、中型外洋帆船建造技術や補修方法まで確実にレベルアップしたことは、後年日本で帆船建造に大いに役だつことになる。

ジリンガムは、地域の中核都市ライムハウスの先にある大都市ロンドンで羅針盤、滑車装置に二十四ポンド砲など最新の航海用具や艦載砲を購入、艤装できる高度な造船の町として栄える。ドーバー海峡を何回も航行できる堅牢な船の建造を始めた当初は、中・小型船が多く、他方大西洋など外洋航海型の大型船はロッテルダム造船所の建造になっていた。

この時代の商船とは海賊船の奇襲攻撃に反撃できる半武装船である。その大事な大砲も一日中潮風にさらされ、時には何メートルもある大波に洗われると気が付かぬうちに砲身や発射装置を錆びつかせてしまう。これを防ぐための防水扉や重い大砲を速やかに引出し、大波がくる前に格納できる移動装置、さらに商船として重量物商品や真水を入れた百を超える大樽などは船の重心を下げるため船底に置かねばならないが、船の狭い急階段を人力で運び入れたのでは船の入出港に大変な時間と労力を取られてしまう。これを解決したのは滑車である。人力ではほぼ不可能な甲板から船底への垂直移動を容易にさせた。この滑車装置を船に艤装するのは高度技術者の設計と船大工の技であった。

アダムスはこれらの造船技術を習得したがそれで満足する人間ではなかった。天文測量を基本とした航海術を学習するため、船大工で貯めた金を授業料にして商船学校に学んだ。当時の航海術は天文測量どおりに針路を決めても逆風になれば押し流され、横風になれば進路はずれてゆく。そのずれを最小にするべく舵手と連携し操船し、ずれを海図に書き込む。現代の軍艦や商船は衛星から正確に現在地情報が得られるので、アダムス時代の苦労はないが、電波障害になれば電子機器は使えず、天測の基本は知っておかねばならない。

操船技術をマスターしたアダムスはさらに海軍将校を目指し英国王立海軍兵学校に進学した。エリザベス女王が創立した王立海軍兵学校は、同航戦や反航戦にT字戦などの戦闘技術や長期航海に不可欠な洋上補給方法も学んだ。ウィリアム・アダムスと後述する英国海軍の将帥フランシス・ドレーク司令官の出会いは、ドレークが率いる英国連合艦隊を支援する補給艦フィールド号の艦長にアダムスを抜擢したことに始まる。アダムスは弾薬・食料等の補給や傷病兵の収容や後方への回送等をそつなくこなし、英国連合艦隊のLogistics（後方支援）将校としてドレークの期待通り良く働き、戦果を上げる。

余談になるが、エリザベス女王が創設した王立海軍兵学校は、その後近代的なブリタニア王立海軍大学（Britannia Royal Naval College）に発展し、その教育レベルは世界一の海軍大学と称された。日本も幕末の日英友好関係に伴い、東郷平八郎以下日本海軍の英才を留学させてもらい、近代の海戦戦法を習得させ、ロシアバルチック艦隊撃滅に至る。エリザベスが創設した海軍学校故にRoyal Naval Collegeと命名され、England Naval Collegeとは呼ばれなかった。英国海軍もまたRoyal Navyと略称されるのは、女王の海軍として誕生したことによる。エリザベス一世と日本海軍派遣学生には微かな繋がりがあった。

ドレーク司令官、イスパニア無敵艦隊を撃退

フランシス・ドレークは、カトリック教皇が定めたイスパニアとポルトガルによる、世界二分割支配に真っ向から挑戦し、イスパニアの商船隊や植民地を襲撃し巨額の富を蓄積するが、その航海資金などの大スポンサーであった英国王室に五十倍もの配当をしている。一六〇〇年の東インド会社設立の原資も海賊マネーがあったからと伝わる（注②）。現在のソマリア沖警備から見れば、海賊船と商船と軍艦は明確に区別されるが、大航海時代が始まったころは、海賊船と商船と軍艦は相手を見て変身自在であった。洋上で出会った相手の船が弱いとみれば海賊船になり、友好国とみれば平和な商船同志として貿易をした。遠洋航海の補給の問題もあった。水・食料などは精々二カ月もすれば、百名をはるかに超える船員や水兵たちが消費してしまう。その後は、出会った船から略奪する他なかった。

エリザベス女王により、英国連合艦隊司令官に任命されるフランシス・ドレーク（Sir Francis Drake）の航海歴は、商船の船長として大西洋を何度も航行したことに始まっていた。英国商船隊の積み荷にはアメリカ大陸向けの奴隷もあったが、洋上ではイスパニア船団との戦いが多く、負ければ積み荷は全て略奪された上に、大事な船員たちは殺戮され海上投棄されてきた。ドレークにはイスパニアへの強い敢闘精神があると抜擢される所以があった。

イスパニア国王は、この書に何回か登場した名君フェリペ二世である。フェリペ二世の后であったメアリー一世が逝去、エリザベス一世が王位継承するとメアリーの親イスパニア外交を断絶、カトリックも追放した。オランダと友好を深め、秘密にネーデルラント（Nederlanden オランダの正式名）とプロテスタント同盟を締結した。オランダは背後を固め、英国に近い北部七州はイスパニア保護領から独立した。南部の十州もフランスの影響でカトリックの住民が多いとはいえ、いつまでもイスパニアの属国に甘んじてはいなかった。全ネーデルラント独立の動きをみて、もはやバランス・オブ・パワー外交が成立しなくなったと考えを改めた、フェリペ二世は首都マドリードの広大な敷地に聳え立つエル・エスコリアル（El Escorial）宮殿に、イスパニア海軍提督アロンソ・ペレス・デ・グスマンを参内させた。

「国王陛下、お召しによりグスマンが参上致しました」

「グスマン、軍港リスボンより参ってくれたか。遠路、大儀であった」

「陛下の御用命なれば、このグスマン、たとえ地球の果てにあってもかけつけまする」

「それは頼もしいぞ。貴下に椅子を与える。近う寄れ」

「光栄至極、有難き幸せに存じ上げます」

「グスマンを呼んだのはほかでもない。ネーデルラント独立のことだ。あの弱小国が我がイスパニアに刃向かうとは、一国でできることではない。イングランドは余が与えたバランス・オブ・パワー外交を守らず、我が属国を支援しているばかりか、海賊ドレークを英国連合艦隊司令官に抜擢し、余の最大帆船サン・フェリペ二世号を襲い、金銀の財宝からインドの高級な香料、さらに絹織物を略奪し(注④)エリザベスに上納しておる。何という無法者か。先帝メアリーの強訴をなだめ、エリザベスの命を救ってやった我が温情を踏みにじり、恩を仇で返すエリザベスは決して許さぬ。よって我が世界一の無敵艦隊総勢百三十隻の指揮を貴下に委ねる故、見事エリザベスを討ち取って参れ」

「陛下、軍人としてこの上ない名誉と存じ、誓って英国連合艦隊を撃滅致します」

無敵艦隊は総数百三十隻の大艦隊に水夫や飯炊きや看護救命など支援要員を三千人、更に英国に上陸しエリザベス一世を捕まえ首を刎ねるための陸戦隊兵士六千人を乗艦させていた。空前の大軍勢を観閲したアロンソ・グスマン総司令官は、キャプテン・ドレークなど海賊ではないか。海賊に頼るとは英国も終わりだ。海賊相手に楽勝を確信し、明るく青く輝くドーバー海峡に航行していた。

他方、プロテスタントのオランダは、もし英国がイスパニアに敗れたら、次はオランダがイスパニアとフランスに挟撃される危機感を抱き、中立宣言してイスパニアに敵対心は見せずロッテルダム港などに大艦隊の寄港を認めた。しかし秘密裡にイスパニア艦隊の隻数と艦砲数や航路、更にロッテルダム港商人組合からは補給船に供給した水・食料・医薬品などの情報を入手、英国艦隊に知らしめ、英国艦隊の迎撃戦を有利にした。

決戦準備は、無敵艦隊の規模や戦力の情報収集から始まる。海賊のネットワークや英国王室の蘭国王室との友好関係から、オランダのロッテルダム港他に入港し始めたイスパニア無敵艦隊の詳細かつ秘密の軍事情報をオランダから入手し、無敵艦隊の旗艦、警戒すべき主力戦闘艦、艦隊の予想航路に加え、洋上で何か月間継戦できるか、ドレークは分析し作戦構想を固めた。

イスパニア無敵艦隊の合戦の大義はドレークに略奪された金銀財宝の取り戻しであるが、取り返したところでイスパニア水兵にまで配分してくれるわけがない。逆に英国連合艦隊にしてみれば、祖国防衛戦争になる。命を懸ける両国水兵の士気には雲泥の差があった。カトリック異端者エリザベス女王を捕まえるにはスコットランドやアイルランドのカトリック諸侯を蹶起させ、居所を案内させれば良い。百三十隻の大艦隊は英国諸島（British Isles）を威嚇するかのように悠然とドーバー海峡を通過し、スコットランド方面に向かった。

ローマ教皇の特命を受けてスコットランドやアイルランドに潜入させているカトリック精強部隊のイエズス会士から教皇の詔を授けられて、英国諸島のどこかにエリザベスに叛旗が翻るだろうとアロンソ・グスマン総司令官は旗艦以下兵員輸送艦をグラスゴー（Glasgow）に立地するフォース湾に進入させ、錨を降ろした。グラスゴーはスコットランドの中心として古くから栄えてきた歴史ある都市で、カトリックの聖地フランス・ノートルダムやドイツ・ケルンと競う、グラスゴー大聖堂（Glasgow Cathedral）は、スコットランドの誇りであった。

フォース湾に停泊させた旗艦の艦橋の上にはイスパニアカトリックの大きな十字旗をたなびかせ、

艦橋からスコットランド・カトリックの旗を護持した反乱軍の姿が現れるのを双眼鏡でひたすら注視していた。しかし何日停泊しても叛旗が翻らないのをみて、無敵艦隊はむなしく英国諸島（British Isles）をさらに北上、スターリングやアバディーン沖にも停泊したが結果は同じであった。司令官は遂にスコットランドに陸戦隊を上陸させることを諦め、アイルランドに艦隊を変針させた。

一五八八年七月 Battle of Armada の決戦の時がきた。待ち受けていたのは、無敵艦隊撃滅作戦を考え抜いたドレークの英国連合艦隊である。水兵にしっかり休養と決戦海域となるアイルランド海峡の潮の流れを覚えさせ、水・食糧・弾薬に火箭の弓曳と火船を引き連れ、準備万端であった。

英西海戦の初戦となったドーバー海峡の海戦では双方の軍勢や操船技術を確認し小競り合いする間に無敵艦隊はスコットランド方面に針路を変え、スコットランドのカトリック勢力と合同し上陸作戦をめざしたが、それが果たせずアイルランド方面に変針したことは先述した。

決戦海域のアイルランド沖では強風が吹き荒れていた。こうなれば、小軍が大軍に勝てる最適の戦法があった。火攻めである。矢の先端の鏃の後端に火薬と少量の油を染み込ませた導火線を巻き、火をつけ射る。目標は燃えやすい敵船の帆である。さらにドレーク司令官はボロ船に満載した薪に油を染み込ませた突撃船を発見されないように大型艦の後尾に引き連れていた。

イスパニアの各艦長や見張り水兵には闇夜で良く見えず判断を誤らせ、イスパニア軍船の行く手を阻む妨害船と思わせていた。潮の流れから頃合いをみて、スキッパー（小型高速船）が導火線に火をつけに回り、英国の突撃船から水兵が救難ボートで退避している間に、火船となった船を敵の旗艦や中心となる大型帆船に突入させた。

無敵艦隊とはイスパニアの誇大表示であったかも知れない。防火と対弾防御する鉄板は舷側に張られていなかった。イスパニア艦隊の艦載砲は英国の小型火箭船を撃沈できなかった。火船戦法は追い風なら敵船を燃やし尽くすが、向かい風になれば味方船団にも火が燃え移る、リスクの高い戦法である。無敵艦隊には風向きや潮流が読めない海域でアウェイの戦いになるが、ドレーク司令官はアイルランド水路の海流の変化を研究済みで、有利なホームの戦いができた。大艦隊撃滅戦法はこれしかないと、乾坤一擲の戦法をとった。

イスパニア艦隊司令官が大艦隊を密集して威力を見せる艦隊編成にしたことも裏目になった。強嵐や大波の中、火船や僚船との衝突を避ける操船ができず、大延焼させられ大敗した（注　アルマダ海戦の絵画）。イスパニア艦隊司令官や参謀は悔し紛れに、〝さすが海賊戦法よ、英国艦隊は。〟わが栄光のイスパニア艦隊はそのような悪手はつかわぬ〟と負け惜しみしたが、火矢と火船戦法はドレークの専売特許ではなかった。

余談になるが、日本の瀬戸内海を縄張りとする日本最大の村上水軍も火矢と火船戦法を得意としていた。文禄・慶長の役の海戦では朝鮮海域の潮の流れを知らぬアウェイの村上水軍より、ホームの朝

Armada 海戦　Wikipedia より

鮮水軍が圧倒的に有利に海戦したことは自明である。秀吉の派遣した輸送船団が沈められたのも火矢と火船戦法であった。その日本と朝鮮との海戦に始まる文禄の役は、キャプテン・ドレークのアルマダ海戦からわずか四年後になる。朝鮮水軍司令官李舜臣はドレークから戦技指導されたわけではない。火船戦法はドレークだけでなく、世界の海賊船団において良く用いられていた。敵船を風下に包囲するため、誘い込みに高度の操船技術なしには使えない戦法であった。

イスパニア艦隊の大敗は欧州の覇権を英国に奪取され、イスパニアが凋落してゆくターニングポイントになった。

エリザベス女王は、ドレーク司令官をハンプトン・コート宮殿に参上させ戦勝報告を受けた。

次の戦略となる日本への特使派遣についてもドレークの考えを聞きたかった。宮殿玉座の前に平伏しているドレークに親しく声をかけた。

「ドレーク、もそっと近くに参れ。貴下は我が英国の興廃を賭けたイスパニアとの決戦に大勝したことは、誠に大儀であった。褒めて遣わす。ドレークには大功績により、Sir の爵位を授けるぞ。これより英国貴族の一員として一層励めよ」

「Your Majesty, Sir（女王陛下）、このドレーク、冥利につきる有難き授爵に存じます」

「ドレーク、この度の海戦では戦闘指揮で我が艦隊を勝利に導いた優秀な将校は数多くおろう。その者達には追って勲功の沙汰をするが、戦闘以外のロジスティックスなどで活躍した逸材を探しておる。異国人とも友好できる性格ならばさらに良い」

「陛下、恐れながら何故戦闘職でなく、航海や補給職の将校をお求めになられますや？」

「それはな、次のターゲットになる日本の立地を考えてみよ。支配地域は狭い。外洋に出るには補給が必須になるぞ」

「御意。さすれば艦隊の中でひとり適任になりそうな者がおります。ウィリアム・アダムスと申しまして、補給船リチャード・ダフィールドの船長であります。我らの戦闘艦が常に戦えるよう弾薬・水や食料・医薬品の補給や傷病兵の本国送致を完遂しております。今回の海戦は英国諸島を一周する長い戦い故、補給船団は戦闘部隊の大事な命綱なゆえ、小職が補給船団を直轄しましたが、各船長の中でもウィリアム・アダムスが秀逸でありました」
「それは耳寄りな情報だ。直ちにその者の履歴・戦功・家族構成のレジメを余に届けてくれぬか」
「陛下、畏まって候」

英国貴族のなかで海賊上りが海軍中将にまで出世した者は稀有であろう。ドレークは授爵の名誉で満足することなく、これからの海軍将校に必要な技術を考えていた。戦後予備役になり、海軍将校育成のためエリザベス女王が創設した王立海軍兵学校で教鞭をとる。兵学校とは水兵を養成するのではなく、砲術・航海・洋上補給や沈没を回避する応急措置を指揮する各兵科将校の養成校である。そこに入学を許可され、学業優秀であったことから補給船長に任命されたのが、ウィリアム・アダムスであった。

喫緊の対外戦略ではイスパニア海軍が対英復仇戦のためフランス海軍と同盟するとの噂もあり、英国と同じプロテスタントのオランダと対抗同盟を準備する。

エリザベス女王は、蘭国と友好関係を深め蘭国商船のテムズ川自由通行権を勅許し、相互互恵に基づき航海や通商と軍事上の協力関係を強化していく。カトリックの西・仏に対抗し、東アジア大商圏共同経営に蘭国の賛意を取り付けたエリザベス女王は対日特使候補者の能力や性格に人間関係、家族構成等の評価を調べた。

女王は側近のウォルター・ローリー（Sir Walter Raleigh）を執務室に呼んだ。ウォルター・ローリーは軍人でありながら、詩歌を作るなど文武両道に秀で、エリザベスが好んだ有能な廷臣であった。

エリザベス一世が天下統一した家康を日本国王とみなしたことに不思議はなかった。その家康と交渉する対日特使に必要な能力は、日本語は別にして何が必須と考えるか、ウォルターに諮問した。

「ウォルター、折り入って話がある。大声で話すわけには参らぬ故、余の近くに参れ。余は我が英国を富ませるため、日本を拠点に東アジア交易圏を考えておる」

「Your Majesty, Sir（女王陛下）、我が英国と対極にある遠方の日本に目を付けられるとは、驚嘆至極でござります。日本はポルトガルがもたらした火縄銃を僅か二十年ほどでマスターし改良し、全土で数十万挺も国産し火力で戦国時代を決着させたよし。これができるのはアジアでは日本で、英国のパートナーに価するのはそれ以外にはございますまい。軍事のみならず陛下が憂慮される、良い気候と肥沃な農地は英国とは比べものにならぬ大きな生産量がござります」

「交易は勿論じゃが、我が国が常に悩まされている小麦の確保は日本を起点に中国やインドになろう。インドでは高品質の綿や米が収穫できる。日本も我が英国のように、アジア交易圏を考えておろう。両国が通商条約を結び、各港の相互利用を認め、交易を盛んにすれば共に栄えるぞ……」

「Your Majesty, Sir（女王陛下）、日本を統一した国王が次に目指すのは、海外進出でございましょう。そのために、第一に大型帆船の構造設計とその建造技術、第二は外洋航海するための、天測学や操船技術を欲しがることは必定。加えて大砲の測的や弾道計算などの基礎知識も教えてやれば大いに感謝することでござりましょう」

「そうであろう。その三つは必須になる。帆船設計と造船技術だけでも一から始めたのでは十年もかかる。その間にイエズス会を尖兵とするイスパニア・ポルトガル連合に日本全土を掌握され、プロテスタントは入国禁止にされよう。イエズス会は家康どのに西洋の珍品を欠かさず贈呈してご機嫌をとり、江戸に関東一円の布教拠点となる江戸天主堂を建立した（注④）というではないか。ウォルター、徒に悠長に構えてはおられぬ」

「御意に存じ候。イエズス会士は日本の九州から帝のおわす京、次に徳川家康が我が都ロンドンをまねて開発を始めている大都市の江戸まで探索を終え、さらに東北唯一のキリスト教大名の支配地会津に教会の適地調べを始めるとの噂もある由。事は急がねばなりませぬ。陛下の仰せになった技術を習得している者を兵学校や商船学校から人選を始めましょう」

「その前に大事な外交の確認をするが、アルマダ海戦の五年前にイエズス会と密接になった日本西部のキリシタン大名達が連合し、使節団をイスパニアに送り出したというではないか。イスパニアの次にバチカンの教皇にも表敬訪問した。西国大名達が連合して西日本連合国にでもなれば、西・葡は国交を求める国書を提出するやも知れぬぞ」

「先帝メアリー女王様の側近にイスパニアの偉大な国威をほめそやし、良い気にさせてチラッと尋ねましたが、アルマダ海戦敗北の痛手から立ち直れず、その準備はしておらぬようでござります」

「ふむ……イスパニアは日本を対等の国としての国交はせず、植民地にする下心があるやも知れぬな。よし、そうであれば、我が英国は徳川家康を君主として承認してやり、表向きは対等国家と持ち上げてやれば良い。日本のサムライとは我らの騎士よりも名誉と義理を重んずるそうじゃな。銃で敵陣を崩し、刀を使う白兵戦法では世界最強と聞くぞ。国交が開ければ、次は最強の軍事同盟になる。さすれば西・葡のカトリック宣教師や商人も日本から追放されよう」

「それが国使の大事な任務でございますな」

「左様じゃ。まずは、西国キリシタン大名達がイスパニア国王やバチカン教皇にどのように厚遇されたか、それとも軽くあしらわれたか情報をとれ。日本がイスパニアに従属していくか否か、見極めることが肝心だ。蘭国からの情報に加えてイスパニアやポルトガルからの情報も突き合わせてみよ。ところでそちに尋ねるが、日本語の会話能力はどのように身に着けさせる考えか？」

「陛下のご諮問の前に少しばかり調べましたところ、ポルトガルのカトリック宣教師どもが日葡辞書を編纂した由。それはかなりの高額で頒布し、イエズス会の資金にしております」

「ポルトガルは種子島に上陸してからまだ四十年足らずじゃが、西洋の言葉とは全くかけ離れた日本語を理解し、カトリック宣教師が日葡辞書を編纂したとはさすがじゃの。日本の神社仏閣の見物や九州の名湯につかってゆっくり物見遊山しておるものと思っていたが、着々と牙を研いで、征服の準備をしているようじゃな。して、そのポルトガル人の名前は何と申すか？」

「ジョアン・ロドリゲス（João "Tçuzu" Rodrigues）でござります。日葡辞書の他、幾つかの物語などをアルファベットに書きだして、平家物語や日本の古典を翻訳した由（注⑤）。日本語を理解し見事に操るので、豊臣秀吉と申す徳川家康の前の日本統一者にいたく気にいれられ、秀吉公の専任通訳を命じられていた由」

「それは良いことを聞いたぞ。その辞書があればポルトガル語から英語に替えれば良いではないか。日本語を学ぶのにそれから始めるのは上策かも知れぬ。早速その辞書を入手せよ。日本に送る者には、イエズス会の宣教師共がローマ字の辞書や日本の風習などを既に書いている故、航海中に学べば良い。文字からも学べば、日本語の読み書きは各段にレベルアップできるぞ」

「陛下、その儀は畏まりました」

「ウォルター。日本特使派遣の次は、東アジア交易の担い手となる組織をどうするかじゃ。我が国の役人や商人どもにはその覇気は見えぬが、貴下はどう考えるか」

「陛下、身共も左様と存じます。友好国の蘭国同様に我が国にも会社組織が発足しておりますので、それを刺激するのも一案かと」

「さもありなん。わが騎士たちは戦に命をかけるように、覇気ある商人ならば、処女地のようなアジアの独占交易権を与えればその気になろう。多くの金も人手も必要になるから、我が王室が保証人となって勅許し信用を与えれば大事業も可能になる。ウォルター、これを実現するよう企画してくれるな？」

「陛下、初めての事なれば、難しいことと存じますが、思し召しなれば早速実行委員会を設置いたします」

「早速取り掛かってくれ」

これがオランダと同様の英国東アジア会社の設立準備である。エリザベスの慧眼は蘭国は純民間であったが、英国は王室が勅許、即ち会社の信用付けをして、その申請料を払わせたのである。ダッチアカウントなどと呼ばれて倹約型の蘭国商法よりも遥かにエリザベスは質素倹約型の財政を行ったところは、徳川家康と似た者同士であったかも知れない。エリザベスは、当時の英国は財力が弱いという弱点に様々の対策を考えていた。

「ウォルター、もう一つ付け加えるが、我が英国は先のイスパニア無敵艦隊との海戦で商船を喪失してしまった。日本に派遣できる大型船はないし今新造する予算もない。特使派遣には蘭国船を利用させてもらおう、費用は分担するぞと」

ちなみに英国王室の財政が豊になるのはエリザベスが構想した東インド会社や著作権など様々の許認可収入が得られ始める一六〇一年以降になる。

一五四三年ポルトガル人の種子島漂着をきっかけに日本は、対欧州交易に向けて変貌してゆくのは、徳川家康が豊臣秀吉や大友ほかキリシタン大名達からカトリックや交易他欧州情勢をよく学び、基礎知識ができていた故である。ウィリアム・アダムス漂着後、家康は初めてアダムスから欧州知識を得たのではなく、さらに深化させたとみるべきであろう。

イエズス会宣教師の修道士見習いでもあった弱冠十五歳の少年ジョアン・ロドリゲスは西洋とはかけ離れた言語である日本語の辞典「日本大文典」を編纂し、西洋の日本学に多大な貢献をした。日本語の文法や用語の定義は、自ら翻訳した平家物語から引用し根拠とする手法は、その後の現代英語を代表する辞書Oxford Dictionaryの魁といっても過言ではないであろう。ロドリゲスの文献により、先行したポルトガルに西国、英国・蘭国が続き日本は急速に国際化してゆく。

「陛下、畏まって候。買主がわからぬように、『日本大文典』を早速手配いたします」

「辞書の次に、その日本語なる未知の言語の用例集や会話手帳などはあるか、発音は難しいか、なども調べて参れ。急ぐゆえ期限は一カ月ほどで良いな」

ウォルターは御前から下がり、仔細に調査を終えた一カ月後、再び御前に参上した。

「陛下の御指示どおり先代のメアリー女王陛下の関係筋から、イエズス会に接触し日本語なるものが分かってまいりました。日本から戻ったばかりの宣教師の話では、発音はたった五つの母音、又は母音と子音の組み合わせであり、平仮名文字に対する発音は原則一種になっておりますので、実に聞き取りやすく話しやすいと申しておりました。文法は語尾変化する珍しい言語のため、最後にならないと肯定か否定か保留かわからず最初はとまどいますが、人称による動詞変化がないので話すことは簡単とのことでございます。日本はJapanではなくNifonであり、スパイのNinjaはShinobi、携帯食はBentoと辞書に書かれております」

「日本語とは動詞に人称変化がないのか。それなら英語より簡単ではないか。余はラテン語も知らぬ欧州女王とメアリー・スチュアートなどから誹られぬよう、必死で学問したが、とてつもない暗記力がなければ話せぬ言葉と呪いたくなったぞ。ラテン語はそちも知っておるように名詞と形容詞に六格、性が三種、数は単複二種もある（注⑥）。これを掛け合わせたら語尾変化は三十六にもなる。語数は英語より遥かに少ないとはいえ、それでも最低千語は覚えねばとラテン語教師に指導されたものよ。一語につき三十六の語尾変化を覚えなくては文章が書けぬ故、千語即ち三万六千もの変化をどうやって覚えられようか。それなら格変化は無しにして、語数を増やした方が楽じゃ。余は英語を随分と簡略にしたから欧州中の交易に使われ始めているぞ。いずれ英国人は外国人とのコミュニケーションに何の苦労もなく意志を伝えられよう。他国の者にも英語学習を容易にさせるぞ。相手が発言に苦労している間に我らは、相手の出方をしかと観察できるのだ。我が国の英語は欧州語に留まらず、いずれアジアも英語で支配するぞ」

「御意。身共もそれが上策に存じます。陛下のご参考まで、ロドリゲスの辞典から日本語の動詞の特色を申し上げれば、小生が行く、君が行く、彼が行く、と人称変化はなく、敬語は別にありますが、陛下が行くと一語で足ります。時制では未来形がありません。今日行く、明日行く、将来行くと申せば、わかってしまうのでございます」

「それでは、日本に未来がないことにならぬか？　未来がない国に苦労して特使を送ってもつまらぬぞ」

女王は笑みを浮かべて、ウォルターをからかってみた。しかし家康後継の秀忠の鎖国政策は、エリザベス女王の冗談が真実になり、日本から二百六十年もの未来を無くさせた。

ウォルターは女王が冗談を言っていることに気がついたが、絶対君主に冗談で答えてご機嫌を損ねたら、光は夏しかないスコットランドの谷底に左遷されかねないと危惧して、慎重に答えた。

「ご明察の通りと存じます。このような言語であれば、文法から始めず、会話から始めた方が上達は早いかも知れませぬ」

「余もそのように思うぞ。日本語をしっかりマスターさせてから日本に派遣するのが正道とは思うが、悠長なことをしていて西・葡に日本一円を支配されてしまってから特使を派遣しても、今頃何しに来たと、後の祭りじゃ。そちの調べでは、日本語の文法学習はなくても、耳学問で日本語が習得できそうだな。日本語に目途がついたら次の喫緊の課題は西語になるぞ」

「特使に日本語教育はさておき、西語を教育せよとは、いかなる御存念にござろうや」

「知れたことよ。イエズス会の暗躍で日本には西語が分かる者がでてきておるが、英語がわかる者はいない。さすれば、徳川家康どのが抱える最高レベルの欧州語通訳は西語のはず。国書の正本は無論英語じゃが、副本は西語版にして両方を家康殿に奉呈する。いずれの国書にもチューダー王朝の金の紋章を漉き込むことが肝要じゃ。一見して国書とわかるようにすることを忘れるなよ。直ちに和訳されたら特使派遣の真意は誤解なく伝わる。派遣する者はいずれRepresentativeとして駐日代表になり軍事同盟の下準備をしてもらうぞ」

この時、日本特使の任務と運命が定まった。特使は日本にたどり着き国書を奉呈すれば任務終了、それではGood bye!　と帰国させてもらえるわけではない。その後も日本に残り、英国駐日特命全権駐箚大使として徳川家康他と友好関係を深めつつ、英国のアジア貿易の司令塔として少なくも十年以上日本に留まり日本の権力者たちや財力・文化・習慣・習俗・宗教などを熟知し、後任者に引き継ぎさせる特別任務を背負った。

エリザベス女王、ウィリアム・アダムスを謁見

特使候補者の選定が始まった。資格要件を満たした者の一人は予想通りウィリアム・アダムスであった。（注　アダムスの肖像画）

一五八九年、イスパニア無敵艦隊に勝利した翌年、アダムスはかねての恋人メアリー・ハインとロンドン近郊にある聖ダンスタン教会で結婚式を挙げた（注⑦）。エリザベスをめぐり三人目のメアリーの登場になる。聖ダンスタン教会は国教会であるが、カトリックのような豪壮な石造りのゴシック建

築は、ロンドンでも最高の格式があった。ロンドンの娘たちにとって華燭の典を挙げるのはダンスタン教会と憧れていたことであろう。現代になっても日本の娘たちはクリスチャンではないのに結婚式はホテル内の教会で挙式するように、教会には晴れの儀式に相応しい魅力がある。

幸せな新婚生活の中でメアリーはアダムスに何度も囁いていた。

「アダムス、外洋航海は海が荒れるし、海賊にも襲われる。稼ぎが少なくても良いから安全なドーバー海峡循環船にしてね」

「メアリー、分かっているさ。だけど家も買いたいし、子供には高等教育を受けさせたい。それにはまとまったカネが要るんだ。一回だけにするから、遠距離の外洋航海を許してほしい」

「でも、何か不吉な予感がするの……」

「大丈夫だよ。心配しないでくれ」

アダムスとメアリーは幸せに包まれた日々を過ごし、長女デリベレンスと長男ジョンの二人の子供も授かった（注⑧）。

ウイリアム・アダムス（Wikipedia より）

アダムスは可憐な新妻と愛くるしい二人の幼子を見て、航海士として仕事に励めば励むほど、家に留まる日は少なくなり夫婦の会話も減っていった。それは少しずつメアリーの不満をつのらせてゆくのであるが、航海一筋に励んでいるアダムスは気に留めなかった。

二人が新婚生活始めたステップニー（Stepney）は田舎町ジリンガムからテムズ川に沿って遡り、ロンドン市内にある小さな町である。アダムスは首都で有名な航海士としてデビューする夢を持ち、そのチャンスを獲得しようと少しずつ住まいをロンドンに近づけ、市の中心からは遠いが、ついにロンドン市民になっていた。

エリザベス女王の側近たちが兵学校や商船学校などの成績や、イスパニア無敵艦隊との戦歴・人柄・性格など様々の書面考査に合格し、特使候補として白羽の矢が立ったのは、ウィリアム・アダムスであったのは順当な人選であろう。日本派遣特命全権駐箚大使とは、英国の浮沈がかかる大役である。エリザベス女王は側近任せにせず、諮問を兼ねた面接をすることにして、宮殿に招集を命じた。

エリザベス一世のチューダー王朝の宮殿は、ハンプトン・コート宮殿（Hampton Court Palace）であった。十八世紀までハンプトン・コート宮殿が居城として使用されたが、二〇二二年崩御されたエリザベス二世はハノーバー朝の系譜で、周知のバッキンガム宮殿（Buckingham Palace）になる。

アダムスが宮殿に参内する日が来た。アダムスはこれまで遠望するのみであった宮殿の荘厳な建築を仰ぎ見た。すると、宮殿の警備兵が近づいてきてアダムスが謁見者の名簿にあることを確認し、アダムスは大廊を歩かされ宮殿の奥に案内された。ドーム式の巨大な天井に描かれたイエスを中心にその使いである天使たちが取り巻く絵から、中空に吊り下げられたシャンデリア群に圧倒され、一時足がすくんだが、案内役に促され謁見室に入った。

ほどなく従者たちを引き連れ、白く輝く絹のロングドレスにコルセットでウエストを強く引き締めたエリザベス女王が現れ、アダムスの立ち位置より三段高い玉座に着座した。女王はアダムスが長期の航海に耐え、不屈の精神を宿している男か子細に観察し、白面の口元から厳かに言葉を発した。

「アダムスとやら。貴下は三十を過ぎた故に、時に感情を制御して熟慮できる年齢になったと思う。汝を見たところ、日本の国王とも親しくなれる素質があると思うぞ。我が英国の特使として日本に行く勇気はあるか？」

「Your Majesty, Sir（女王陛下）、突然のお言葉、身共は少々仰天致しております。妻や子もおります故、まず妻を説得せねばならず、暫しご猶予を賜りたく」

「然もありなん。汝の妻はメアリー・ハインと申したな。メアリーには、貴下を我が英国の大事な任務で派遣するゆえに、十分な支度金と留守中の手当を与える。見事任務を遂行し帰国した暁には、政府の高官に取り立てると伝えて良い」

「陛下、この上なき有難きお言葉、身に余る光栄と存じます。このアダムスはしかと胸に刻みまして妻を説得致します」

しかしメアリーは、大西洋横断のみならずさらに足を延ばして太平洋の終点のような位置にある日本行きなどは我慢を超え、恐怖すら覚えた。

「アダムス、やめてよ。危険すぎるわ。大西洋にはイスパニアとポルトガルの海賊がいる。まして太平洋には……」

「メアリー、女王陛下の仕事に心配し過ぎだよ。太平洋（Pacific Ocean）の意味を知っているかい。Pacific とは平和な海なんだよ」

「何が平和な海ですか。子供の頃学校の図書室で読んだ本にあったけど、太平洋には人喰い土人が住んでいる島が幾つもあるのよ。土人たちに捕まりでもしたら、二度と帰れない。デリベレンスとジョンをどうやって育てれば良いの？　そんなところには行かせられない」

「メアリー、人喰い土人がいる島の位置はわかっている。これでも航海士だ。そんな航路はとらないから、一回だけ行かせてくれ。女王陛下直々の仕事なんだ。こんなチャンスは二度とない」

夜遅くまで二人の話し合いは続いたが、どこまでも平行線のままついに合意には至らなかった。このことは二人の亀裂を深め、二人の行く末に暗雲が漂い始めた。しかし、アダムスの決心は揺るがなかった。

後日、再び宮殿に参上した。覚悟を決めた面持ちのアダムスを見て、細面で気品ある女王はアダムスに声を掛けた。

「アダムス、良くぞ参った。余の近うに寄れ。その面持ちから察して、余の望みを受けてくれたようじゃな」

「陛下直々の御命令は、このアダムスにはこの上なき名誉と心得まする。この一身を陛下に捧げまして、日本に参ります」

「アダムス、よくぞ申した。ついては、日本に向かう航路などはあらまし考えたか？」

「それは蘭国船の船長との打ち合わせで決まることになりますが、身共の考えは西航路でマゼラン海峡経由を考えております」

「左様であるか。してその理由を申してみよ」

「東回りはポルトガルが領域として大船団を組み、航海しております故に遭遇するは必定。海戦になれば多勢に無勢、勝ち目は少ないと心得ます。敵船に勇猛なイエズス会士が乗っておれば、英国国教徒の者は真っ先に首をはねられ、身は魚の餌にされましょう。他方イスパニアは我が艦隊に大敗してから、教皇が定めてくれた海の縄張りもアジア海域のルソン以東は保持できなくなっております。よって西航路をとってマゼラン海峡を通過すればあとは大西洋とは比べものにならぬほど広い太平洋でイスパニア艦隊に遭遇する危険はないと心得ます」

「それは尤もであろうな。してマゼラン海峡から日本まではどのように進むのか？マニラ辺りはイスパニア船がうろついているぞ」

「さればでございますが、用心して海峡を抜けた後は、太平洋側の港町で水・食料を贖い、一路ハワイを目指します」

「何、ハワイとは初めて聞くがいずこにあるのか？」

「陛下、この地図をご高覧願わしく。ここに記されている島々でございます。住民は純朴で西洋人には敵対せぬようでございます。ここで十分な水と食料などを補給し、日本に近づくための最後の補給は、日本列島を遠望するボニン島と考えております」

リーフデ号がハワイで水・食料などを補給したのは事実のようであるが、実はこの時にはハワイという名称は地図には記されていなかった。大航海時代になってはいたが、地名のない群島も多かったのである。

「ボニン島とはこれも初めて聞く名前じゃな。どのような者が住んでいるのか？」

「現地人に加えて、日本人他アメリカ人欧州人など漂着した捕鯨漁師達が住み着いた島でございます。平地は少なく険しい山に囲まれて麦や米はさほど収穫できませぬ故、人口は増えませぬ。しかし魚類は島の周りに取りきれぬほどあふれているよし。それで子孫も飢えることなく、生き残ってきたものでございましょう」

この時から二百五十年後、ペリー艦隊が浦賀にやってきたとき、艦隊スタッフからこの島は緊急避難港として重要になる。欧米は何年もしないうちに占有するであろうと聞かされた江戸幕府は慌ててボニン島に小笠原貞頼に探索させ、小笠原島と名付け領有を欧米諸国に宣言するが、ボニン島は十六世紀から船乗りたちにその重要性を知られていた。

「アダムス、よくぞそこまで調べたな。褒めて遣わす。してウォルターは如何に考えるか？」

アダムスの航海は困難な航海が予想されるだけに、傍らに控えるウォルターにも女王は意見を求めた。

「陛下、身共もアダムス案はよく考えてあると存じます故、否応は御座いませぬ」

「よし、これで航路は決まったな。時期については準備もあろう故、追って沙汰する。アダムスは何か申しておきたいことがあるか」

「それは、ステップニーに残してゆく妻のメアリーと息子のジョンそして娘のデリベレンスの身の上のみでござります」

「アダムス、それは予も不憫に思うが、さほど心配せずとも良いぞ。アダムスは国の浮沈に関わる大事を為すのじゃ。留守家族には別居手当を与える。加えて何の不都合もなきよう、しかと命じておく」

アダムス座上のリーフデ（De Liefde）号出航

オラニエ公ウィレム一世はイスパニアから任命された総督であったが、独立する機会を狙っていた。一五八八年、イスパニア無敵艦隊が英国連合艦隊に破れると、イスパニアのオランダ支配は弱まった。そこにエリザベス女王直々の密書が届いた。エリザベス女王特使の日本派遣である。オラニエ公は、側近にエリザベスの要請をどう対処するか諮問した。

「殿下、我がネーデルラントの大商人達はアジアの商圏獲得には拠点設立が急務であり、そのために船団をバタビアに派遣する準備をしておりますが、資金不足に困っております。ここは、エリザベス女王陛下に応分の費用を分担してもらい特使を乗せることで如何でしょう」

「良い策かも知れん。エリザベスがドレークからたんまり貢がれた黄金を少しは分けてもらおう。船団は日本入港の前に蘭国国旗を下げ、英国国旗を翻してやればよかろう。五隻を予定し一隻のみ日本に停留させ、四隻はバタビア建設に向かわせる、という作戦は如何か」

かくて君主間同志の交渉で日本に立ち寄ることが決まった新造の中型帆船リーフデ号に乗りこむ為、故郷の小さな港町ジリンガムからロッテルダムに出発したのは一五九八年初頭であった。リーフデ号が水・食糧・医薬品やイスパニアとの海戦に備えた武器・弾薬に各種商材と特使アダムスの公用品を満載して英仏海峡を南下してゆくのは、波穏やかな同年五月であった。

蘭国艦隊司令官ジャック・マフは蘭国女王から口添えがあったとはいえ、経歴書どおりの実力があるのかブリッジから観察していたが、アダムスは装備されていた羅針盤や海図や測距儀など手慣れた動作でこなし、艦隊航海士として進路を正確に算定し海図に書き込んでいた。マフ艦隊司令官はアダムスの航海士として能力は十分にあることを認め、航海長に抜擢した。その役割は航海士の進路報告を承認し、司令官に報告し、毎日航海日誌を書き上げ、司令官の承認を受ける。航海日誌とは単なる日記ではない。艦長の指示を書き留め、海難事故や海賊の襲撃事件になれば、事件事故の原因と正当性を証明するための重要な公文書になる。

アダムスがロッテルダムから日本に向けて無事出航したことを報告されると、エリザベスは早速次の一手を打った。キャプテン・ドレークが海賊で稼ぎまくった資金は王室財産として温存され、勅許による東インド会社の設立を命じたのである。端的に言えば、ドレークの巨大な海賊資産が東インド会社を生み、貧しかった島国国家を交易国家として大きく発展させる原資になった。

最近になって筆者が探し求めていた書物にアダムスの妻への補償金の支払いが見つかった。公務乗船中に海難事故で死亡したならばともかく、家康の家臣であるにも関わらずサイドビジネスで平戸の英国商館に出張勤務しただけで、ロンドンに暮らす妻に貸付金の名目で二十ポンド（現在の価値で約四百万円）を支払っていた（注⑨）が、商館駐在員の給与四十ポンドと比較しても、極めて異例のことになる。女王からもメアリーへの特別補助も何回かあったであろう。筆者はここにアダムスには特命があり、それを日本で達成し、引き続き英国の情報・商務 agent を務めることへの残留妻への手当金とみる。

◎第三章　注釈

注①「三浦按針　その生涯と時代」森　良和著　P35　W.m Adams son of John Adams baptized the four & twenty of September 1564 受洗簿より

注②「16世紀『世界史』のはじまり」玉木俊明著　P170

注③「海賊の世界史　古代ギリシャから大航海時代、現代ソマリアまで」桃井治郎著　P153

注④「徳川家康のスペイン外交」鈴木かほる著　P25

注⑤「黄犬交遊抄」ドナルド・キーン著　P131

注⑥「教養としてのラテン語授業　古代ローマに学ぶリベラルアーツの源流」ハン・ドンイル著　P153

注⑦⑧「按針と家康　将軍に仕えたあるイギリス人の生涯」クラウス・モンク・プロム著　P17

注⑨「さむらいウィリアム　三浦按針の生きた時代」ジャイルズ・ミルトン著　P203

第四章　ウィリアム・アダムス、女王の国書を護持し日本に到着

リーフデ号、豊後の臼杵に漂着

一五九八年六月、リーフデ（De Liefde、愛）号（注　表紙カバー　エリザベス女王頭上の船）は、旗艦ホープ号以下五隻で編成されたアジア派遣船隊の一隻としてロッテルダムを出港した。船隊はロッテルダムに登記された東インド会社の大事な虎の子船団であり、イスパニアやポルトガル船との不時海戦にも応戦できる武装商船であった。その武装は大砲二〇門を三百トンの中型船に搭載したもので甲板下に備置した多量の水・食糧に各種商品の重量は、復元力を悪くしていた。太平洋が荒天になって十メーターを越える荒波が押し寄せてきた時に耐えられるか、航海士のアダムスには一抹の

不安があった。ShipWright の眼で観察すると船体構造は脆弱で新造船とはいえ少々安づくりの船であった。不安は的中し艦隊はマゼラン海峡の荒天をかろうじて抜けたが、三隻が武運拙く難破、一隻はかろうじてロッテルダムに引き返した。結局日本の臼杵に漂着できたのはリーフデ号一隻と伝わる。しかし、考えて欲しいのは、目的地バタビアに向かっていた帆船が太平洋で難破し流れ流れて日本に漂着するなどあり得ない。バタビアと日本では方角も海流も全く異なる。リーフデ号は日本に必着し、ウィリアム・アダムスを無事上陸させよとの蘭国国王から特命があった。よって、他の三隻とは途中で別れ、単独で日本に向けて最短航路をとったと考えるのが合理的であろう。

残る三隻の使命とはオランダ東インド会社の本拠地バタビアの建設支援になる。オランダは、ポルトガルの澳門、イスパニアのルソン以上の大要塞をバタビアに二十年と巨額の資金を費やし、東インド会社が社運を賭して建設を始めていた。

オランダ東インド会社はアジア開拓にいきなり乗り出したのではなく、小型高速船による先遣隊が現在のインドネシア諸島を西はバタビア、フィリピン（セレベス）の下のティモール、さらにニューギニア島近くのモルッカまでイスパニアやポルトガルが占領していないことを綿密に現地調査し、本拠地はバタビアにすることが最適と具申していた。

さて、リーフデ号がやっとの思いで豊前に漂着したのは一六〇〇年四月である。風浪すさまじく遭難死の危険を冒してまで渡日してきたアダムスには重大な使命がある。我らカトリックのイスパニアとポルトガルの商圏である日本に割り込み、プロテスタントの英国と蘭国がアジア橋頭堡を築き、東アジア貿易利権を獲得することであろう。これは到底見逃すことができない。一刻も早く、ウィリアム・アダムスと蘭国人ヤン・ヨーステンを徳川家康どのに処刑してもらい、我々はそのことを欧州各国王に報告しよう。日本は危険な暴力国家だ、近寄らぬ方が良いのだと。英・蘭が自国民処刑に怒り、日本と開戦し共倒れになってくれたら最高だ。日本人の好きな、棚から牡丹餅だぞ。我らはThe Godsend（神の賜物）と言うが。日本が英蘭との戦に疲弊したら日本を簡単に完全支配できるだろう。

長崎や平戸や島原などのカトリック教会に居住するイエズス会宣教師たちはアダムスが漂着した事態を重視し、大司祭アレッサンドロ・ヴァリニャーノ（Alessandro Valignano）神父の下に集合した。ヴァリニャーノ大司祭は天正遣欧使節をバチカンに派遣した立役者であり、信長や秀吉とも面会した大物であった。

〝漂着した英国人や蘭国人は海賊であるから即刻処刑すべき〟と家康の長崎奉行である寺沢弘高に具申した。しかしこれは却って寺沢奉行に一抹の疑心を生じさせてしまった。リーフデ号の船内をくまなく捜索させたが、海賊の証拠となる金銀・宝石等の金目の略奪品はなかった。積み荷は、蘭国商人の交易用積み荷目録と一致し、粗羅紗十一箱、珊瑚樹四百本と同数の琥珀を納めた櫃一個、着色した硝子玉、鏡、子供用の笛などを入れた大箱一箱、レアル貨二千クルサド、長期航海中に遭遇する海賊船やイスパニア船に応戦するための青銅の大型大砲十九門、小型砲数門、小銃五百挺、鉄製の砲弾五千発、鏈弾三百発、火薬五十キンタル、鎖鏈甲の大箱三箇その内四分三は鋼鉄製の胴と胸甲を用いていた。さらに斧、鍬、鋤などの農業道具や各種の工具まであった。（注①）レアル貨とはイスパニアの銀貨で、欧州は勿論アジアでも流通する世界通貨である。さらに子供の玩具を持ち込む海賊はいない。これらの積み荷は略奪品ではなく、未知の市場をテストマーケティングする為に用意してきたサンプル商品とみて良い。遠く離れた習俗の異なる外国市場で、何が必需品として多量に売れ、また何が贅沢品として珍重され高く売れるか皆目見当がつかない。サンプルを見せた方が早かった。

ポルトガルやイスパニアの宣教師たちから西洋事情を得ていた寺沢長崎奉行は、欧州はカトリック教皇が一円支配し、その有難い御啓示に叛く国はないと大言壮語してきたが、どうやら事実は違うようだ。これは我らの欧州理解が覆る重大事を秘めているやも知れぬ。されば我らの総帥家康殿のご英慮を仰いだほうが良い。寺沢は奉行として取り調べた調書に自らの疑念を付け加え、大阪城で関ヶ原の合戦準備をしている家康に早馬させた。

長崎奉行の調書を一読した家康は直ちに返信を書いた。〝アダムスを大阪城に連れて参れ。そこでアダムスに直々に仔細を吟味することとする〟とあった。家康は権謀術数渦巻く戦国時代を生き抜いてきた老練の武将のみならず政治家であり、既に秀吉からポルトガル人やイスパニア人宣教師や大商人たちに引き合わされ、かれらの大規模な交易と論理的思考力に注目していた。家康の度量は大きく、夜郎自大的な外人嫌いの大名ではなかった。英・蘭国は悪質な海賊国家なりと叫ぶイスパニア・ポルトガルの言い分をそのまま受けてしまうような単純な武将ではなく、今川や織田の人質にされて反抗や不服従を見せたら処刑されるという運命にあったことはエリザベス一世と似て、生き残るために、善人を装っている者が本当に味方か裏切る者か、人を見る目も先を読むことも研ぎ澄ましてきた。

家康、アダムスを検分

アダムスは、その頃の日本の首都であり家康が天下を見張っていた大阪城に連行された。当時日本一を誇った豊臣秀吉が築城した巨大な五層の大阪城とそれを護る何重もの石垣を見て度肝をぬかれた。このような大がかりの巨城は、英国は勿論ヨーロッパのどこにもないとアダムスは驚いた。城に近づくと厚い漆喰の白壁に仕組まれた、目立たぬ鉄砲狭間の防備があるのを子細に観察した。堅牢な樫の木と鉄の強固な蝶番で固められた幾つもの城門をくぐり、家康の住まいになっていた二の丸御殿に着いた。家康の居室がある本座敷に入るまでに、廊下をあちこち曲がり、高級な青畳の和室も何室か通った。これだけ曲がりくねっていては侵入に成功した忍びとて容易に辿り着けない。しかも、間取りをずらして接続し、死角を多くして外部の侵入者を容易に進めさせない構造にしてあるとアダムスは察した。この防御の造りでは闇夜に侵入できても家康殿の居間を探しだすには、半時（一時間）

を要するのではないかとアダムスは思わざるを得なかった。更に進むと各部屋の仕切りは英国の宮殿のようなマホガニーのドアではなく、左右に開閉する板で作られた襖戸であり、突然現れた忍びや敵の刺客の刃を堅い襖戸で一時凌ぎ、主君を逃す簡易防御壁のようになっていた。その襖戸には狩野探幽などの当代きっての大画家による金箔を用いた見事な大画が描かれていた。絵柄は虎や鷹や竜などで、外来者のアダムスに今にも飛び掛からんばかりの大迫力で迫ってきた。しかしアダムスには、これらは家康ではなく豊臣秀吉の趣味とまではわからなかった。家康の出御が近づくとアダムスは、襟を正さなくてはと、しきりに襟をいじっていた。

〝家康公の御成い〟と小姓の良く響く、澄んだかけ声に、平伏していたアダムスには家康の足元しか見えなかった。二股に分かれた白い足袋は白絹と見た。

「アダムス、面をあげよ」と家康近くに控える本田正信から声がかかり、でっぷりした家康の姿が見えた。本座敷の床の間を背にして、家康は静かに着座し、アダムス他居並ぶ側近や通訳、さらに怒りの面持ちを見せているイエズス会士を全て見据えた。アダムスは家康の床の間の天井が格天井になっていて、アダムスの控えの間の天井よりも三フィート以上高くなっていることに気が付いた。東西を問わず権力を見せるには天井の高さが必要なのだと悟った。

イエズス会士の敵意ある面ざしを見て家康は察するものがあった。肝心な事はイエズス会士たちを人払いしてからが良いと考え、アダムスには簡単な尋問から始めた。正信もよく聞いてくれと、腹心の本田正信に残るよう命じた。

「アダムスとやら、遠路はるばる大儀であったな。聞くところでは太平洋の荒波に揉まれて何度も命が危うかったそうじゃな。よくぞ日本に着いたことよ」

「ははッ、家康さま。これも神の有難きご加護によります」

神のご加護とは、こやつもイエズス会と同じゅうするキリシタンか。家康はしかし腑に落ちなかった。それならなぜイエズス会は、アダムスとその国の英国人と蘭国船に強い敵意を見せ、処刑させようとするのか。

「アダムス、まず確認したきことは、英・蘭・西の関係じゃ。包み隠さず申してみよ。仲睦まじいのか、それとも不倶戴天の仇なす国であるのか?」

「家康様。我が英国はイスパニア・葡萄牙とは敵国になります。そのわけは……」

イエズス会士はカトリックが欧州一円で有難く信仰されていて、それに反抗する者などいないと何度も説明してきていた。ところが、カトリックに反抗するプロテスタントが英国・蘭国やデンマークにドイツの諸侯などに多くいて三十年も争ってきた事実はアダムスに話させまいとした。その動きを見て、本田正信はイエズス会士に手をあげて制した。正信は家康が考えていることが間違いなくわかるよう自ら訓練して信頼を得ていた。

「静かにせぬか。まだアダムスの話は半分も終わってはおらぬぞ」

これが、家康が正純の咄嗟の判断力を買って仕切り役を任せ、その間に自らは当事者の議論に巻き込まれず考えを巡らせることができた。この時も家康は英・蘭・西・葡の関係を素早く察していた。互いに中立国であれば悪口を慎むし、友好国であれば悪事、即ちイスパニアの悪名高い歴史であるコンキスタドール（Conquistador, 中南米人を虐殺し征服したこと）は知らん顔して、必要になれば弁護もしてやる。他方、戦争をしている敵対国となれば、その供述は悪口だらけになり、そのまま信じては大きな間違いになりかねない。

戦場で鍛え上げた正信の大音声の制止にイエズス会士が怯んだ一瞬を逃さず、ウィリアム・アダムスはほどいていた襟元を破り、隠し持っていた英語と西語で書かれたチューダー王朝の透かし紋章入り国書をさっと取り出し奉呈した。

家康は紋章と署名入りの公文書を見て容易ならざる事態を悟った。これは私文書ではない。国家による立派な公文書である。アダムスは単なる漂流者ではない。国家が派遣した特使ではないのか。

風前の灯火であったウィリアム・アダムスの命を救ったのはエリザベス一世が署名した国書であった。家康の傍らに英語の通訳はいなかったが、スペイン語が分かる通訳にスペイン語版の国書を小声で訳させ、エリザベス女王の意図するところを理解した。

家康は、アダムス他生き残った数名の船員たちをイエズス会士から威圧されないところに移してやった。通訳のみ侍らせイエズス会士たちを下がらせると、家康は外国からの特使をどう扱ったか、愛読書の「吾妻鏡」の一章を思いだした。

　吾妻鏡は鎌倉幕府と執権北条一族の正式な歴史書であるが、そこには当時世界一の強国元からの国使にどう対処したか先例が書かれていた。日本と国交を開きたいという超大国元の国使を北条時宗は問答無用と切り殺し、元を激怒させた結果、二度も元と高麗連合の大艦隊が博多と山陰に押し寄せ、北九州が征服される危機を招いた故事を思いだした。北条時宗の国際感覚のなさと器量の小ささは、国を滅ぼしかねない。余は違うぞ、世界の動きを見ているのだと思いつつ、アダムスにさらに尋ねた。

「アダムス、命を掛けて日本に参ったこと、誠に大儀である。これ以後、貴下はこの家康が保護し、イエズス会士には指一本触れさせぬから、安堵して話すが良い」

「家康様、有難き幸せに存じ奉ります」

「アダムス、先ほどの続きじゃが英国は何故同じキリスト教国のイスパニアと諍いするのか？」

「それはカトリック教皇に密かに指令されたイスパニアが我らのエリザベス女王様のみならず、父君であらせられたヘンリー八世様を亡き者にせんと、隣のスコットランドやアイルランドのカトリック諸侯を煽って戦を仕掛けたことがカトリックと本格的な争いになったのでござります」

「なんと。カトリック教皇は他国の国王にまで手を出してくるのか。それは我が国の一向宗を巨大にした危険な宗教かも知れぬな、正信」

　本多正信はこの一件に触れられるのを嫌がっていることは百も承知で、時折家康は正信に又一向宗に戻って、余を裏切るなよとからかい半分で牽制していた。宗教の呪縛は容易には消えないことを良く知っていたからである。正信は武人でありながら仏教にも熱心で、若年の頃に一向宗に帰依していた。

「イスパニアは隣のスコットランド地方に兵士や宣教師など上陸させるため、海岸線の測量をしたのでござります。大御所さま、イスパニアは難破船の緊急避難を名目に、彼らにはよく分かっていない江戸周辺の測量の許可を求めてきておりませぬか？」

「うむ、アダムスの見立ての通りじゃ。余は不審に思い許可はさせなかったが……」

「それは危ういところでございました。欧州ではどこの国も領土の測量は外国にさせませぬ。させてしまったら上陸の適地を見つけられて、いつ攻め込まれるか」

「大御所さま。正信も左様に存じ候。カトリックは、世界中を我が領地と思い、イスパニアもポルトガルも大量の水兵が上陸できる遠浅の海岸を探しておりましょう」

「正信、左様であるか。アダムスよ、然らばヘンリー八世殿はどのようにカトリック対策をなされたのじゃ？」

「ヘンリー国王様は全軍を率いて見事にスコットランドとアイルランド軍を追い払い、この策謀が二度と起きぬよう、英国内のカトリック教会から神父を追放し、プロテスタントの牧師と入れ替え、英国国教会を設立なさいました。その国教会の大司教さまは、ローマ教皇ではなく英国国王が任命することにしました」

「アダムス。ヘンリー八世殿は、それは良い裁きをなされたな。しかし時が経てば、宗教の聖職者はしぶとく復権するのではないか?」

「内府様のお考えは然りと存じます。よって後日同じことが起きぬよう、聖職者服従法（The Submission of the Clergy Act）と申す法度を定めましてござります」

「その法度で治めればローマ教皇は、英国をカトリックにすることを諦めたであろう?」

「内府様、左にあらず。カトリックの魔手は躊躇うことなく、我らのエリザベス女王様のお命も狙いました。教皇は女王様をキリスト教異端者と宣明したのです。異端者にされると魔女になり焼き殺しても良いのです。教皇のお墨付きを得たカトリックの精兵イエズス会は、刺客を英国に送り込んだのでござります」

「英国には、その刺客を手引きしたカトリックの残党がおったのじゃな。女王陛下の護衛兵はしかと刺客を捕えたのであろう?」

「御意。陛下の護衛兵は、刺客と手引きしたカトリックの残党狩りに乗り出し一網打尽にして処刑、一件落着させてござる」

「余も宗教は国家宗教にして、その大僧正には将軍が信頼できる住職を任命するのが良いと思うぞ」

家康は、アダムスの証言からイスパニアとカトリックに対する理解を一変させた。ヘンリー八世がカトリックとの宗教戦争の仕上げとして、大司教以下の任免権を国王が握ったことを聞き取ると大事なこととして、傍らの祐筆に書き残させた。これが家康が完全に天下を掌握する十五年後に宗教統制策として紫衣事件に適用されるが、それは第六章に詳述する。

「英国王のカトリック対策は合い分かった。次にアダムスの経歴について尋ねるが、英国海軍の一員として海戦はしたのか？」

日本の最高権力者家康が英国事情やアダムスに関心をもってくれたことに喜び、諮問に答えた。

「はい、内府様。小職は英国連合艦隊の支援艦の艦長を務め、戦闘艦とともに英国に攻めてきた百三十隻のイスパニア無敵艦隊と戦いましてござる」

「ほう、英国艦隊はイスパニアの百三十隻もの大艦隊を破ったとは、流石じゃ。それは頼りになるぞ。ヴァリニャーノは何も話さなかったが、それははるか昔の事か、そして何故にそれほどの大海軍が英国に打ち寄せたのじゃ？」

「英国祖国防衛戦争となる大海戦は十年ほど前でござりました。イスパニアの戦争目的はカトリックを追放したエリザベス女王様を捕え、亡き者にして英国をイスパニアの属国にしたかったので御座候」

「英国とイスパニアの諍いはよくわかった。イエズス会宣教師どもが先程アダムスの口を封じようとしたわけも、な。エリザベス女王様がおぬしを選んだのも誠に良い抜擢じゃ。女王様の考えもアダムスも信頼できる故、この家康、女王陛下の国書に賛同するぞ。望まれるように、余も英国と誼を通じ交易をしたいと念じておる」

　アダムスは喜色満面で、

「殿下。それでは、女王に身共の安着と殿下の庇護を賜ることになった旨、第一報を知らせても宜しゅうござるか」

「うむ。許す故そちが手配せよ。そちに文書をエゲレスに送る手立てがなければ、この家康が助けようぞ」

　しかしこのアダムスの喜びの第一報は日本から何回発信されても、ついに返信はなかった。アダムスは考えたくはなかったが、経由地の蘭国植民地バタビアで蘭国が握りつぶしたと考えざるを得なかった。

英国王室と日本の万世一系

「アダムスにもう一つ大事なことを聞いておく。エゲレス王室は幾つかの民族との戦いに勝ち残ってエリザベス女王殿のチューダー王朝になったと聞いたが、チューダー王朝はエゲレスの万世一系王朝なりや、それとも?」

「家康様。万世一系とは、身共にはいささか難しゅうござる。同じ王家の血統を受け継いでいれば民族が違っても、庶子が継承しても差し支えないと理解して宜しきや?」

「うむ、基はその理解で良いぞ。難儀なところは、アダムスの日本語が上達してから藤原惺窩や林羅山などを呼び出し、改めて吟味することにしよう」

「左様であれば、エリザベス女王様のチューダー王朝に繋がるのは今から四百七十年ほど前のノルマン王朝でござります。然りながら、ノルマン朝はフランスから移住してきた王家でござります」

「なに、フランスからの移住王朝と申すか。それでもエゲレス人は王朝の由緒に疑問を持たぬのか」

「殿下。欧州人は大陸をあちこち彷徨って後、然るべき地に落ち着きました。島国英国とて同じでござります故、由緒に民族の純血性を求めることはありませぬ」

「左様であるか。して、アダムスを国使に任命されたエリザベス女王様は英国王室の最初の女王陛下なりや?」

「いえ、内府様、エリザベス女王様の前にメアリー女王様がおられました。英国には女王様が二代続きましたが、エリザベス女王様はヘンリー国王様の庶子で御座候」

「そのことは日本も似ておるぞ。『続日本紀』が示唆している」と、読書家の家康は思いだしていた。一民族万世一系の言葉にこだわるのは、日本人の純粋さを求めるところで、何よりも統治がらくである。しかし一民族の神格化は、他民族を卑下することに繋がり、自由で開かれた国際友好から遠ざかり、危ういところだと感じていた。「続日本紀」とは、日本書紀に続く天皇家勅撰歴史書になるが、そこには皇室に日本人以外に朝鮮からの側室がいたと記されているという。日本人が最高であり、劣後の異国人とは付き合うなという夜郎自大になってはならぬ、と家康は思いを強くし、秀忠にしかと申し渡したが、次第に鎖国政策に傾き、三代将軍家光は鎖国を完成させた。鎖国国家徳川の世は長すぎた。開国が復活するまで二百六十有余年も時間を無駄にした。日本を科学も工業も欧米から遥かに遅れた後進国にさせた。

その遅れを取り戻すために一意専心強国を目指すことは国家の急務になり、その基が大日本帝国憲法である。第一条に、大日本帝国は万世一系の天皇が統治すると明文化した。明治から紆余曲折を経て平成の御世になると平成天皇は、平成十三年の誕生日の記者会見で、〝桓武天皇の生母が百済の武寧王の子孫と続日本記に記されていることに韓国とのゆかりを感じる〟と述べられ（注②）、更に正式文書として宮内庁から内外に発信させたことは、国際性に富む平成天皇の御心の広さがにじんでいたと思う。

千年の歴史を誇る英国王室のエリザベス（二世）女王はウインザー王朝と呼称されるが、その開祖はドイツの一王国でプロテスタントのハノーファー王国（Königreich Hannover）から婿入りした独名ゲオルグ（英名ジョージ）であり、宮殿で話されていたのはドイツ語になった。その前のチューダー朝はフランス系（語）、その前はオランダの婿が急場を凌いだウィレム（ウィリアム）二世のオランダ語、さらに遡ればノルマン王朝のノルマン語につながるが、血は繋がっている故に多言語で国際性豊かな万世一系と考えられている。

日本の万世一系とは明治の大日本憲法帝国第二条により、〝皇男子孫〞が継承すると明文化され、天皇は男子に限定されることになったが、江戸時代以前から女性天皇が八方もおられた。推古天皇に始まり、斉明天皇や持統天皇も女性である。英国王室よりも遥かに早く多かったのである。家康は万世一系の考えにアダムスが説明した英国王室の女王承継の話に興味を持ち、天下統一後に秀忠の娘を入内させるが、そのことは終章で詳述する。

ウィリアム・アダムスに話は戻る。遠く離れた異国の地にあって、本国との通信手段がない事には無力の存在となる。本国との唯一の通信手段が蘭国本拠地であるバタビア経由しかない以上、蘭国と嫌でも親密になって通信を許される他なかった。アダムスは英国特使でありながら、蘭国の代理人のように蘭国と家康のフィクサーをすることを考えざるを得なくなった。

アダムスを関ヶ原前哨戦に送り込む

家康は西洋事情の聴取を終えると、アダムスの能力考査として命じたのが、関ヶ原の前哨戦となる会津攻めであった。石田三成は徳川家康を挟み撃ちにして葬るべく、上杉景勝や真田昌幸などに密書を送っていた。

この重大な事態に家康は手をこまねいてはいない。家康は直ちに上杉征伐に乗り出す。引き連れるのは徳川本隊に加えて、アダムスとリーフデ号生き残りのオランダ人であった。欧州の戦場のように馬車で艦載砲を移動し、敵との距離と弾の大きさに応じた火薬量を加減できる砲術士たちもいた。荷役は石垣積や石運びの専門職である穴太衆に加勢させた。山城に石垣を運び上げる穴太衆の梃や滑車などを使う重量物運搬技術は、大砲を山に運び上げることなどは朝飯前の仕事であった。

アダムスは四六時中日本語で会話して、日本語の会話力を各段に向上させていた。敬語も覚え、権力者には固有名詞で呼んではならず、役職名が尊称になることも学んだ。家康は内府様、即ち朝廷から四年ほど前に授けられた内大臣の略称、が尊称になる。その家康は眼下の会津鶴ヶ城を軍扇で指し示し、アダムスに尋ねた。

「アダムス、この飯盛山の山腹から会津鶴ヶ城の大手門を狙えるか？」

「内府様、途中に遮る建物や大木などござらぬ上に、帆船と違い揺れもありませぬ。なればいと容易きことで、初弾必中と存じ候。大手門は勿論のこと、其の奥に聳えたつ天守閣も砲撃して破砕でき候」

「何としたことか。それは真か？　アダムス」

「内府様、欧州では砲撃で簡単に破砕される木造の物見櫓は断じて築きませぬ。大砲の格好の的になり、最初に粉砕されて敵に勢いをつけさせてしまうものに御座候」

家康はこの時、合戦の司令塔でもある天守とは初戦で大筒の標的にされるだけの脆弱なものと悟った。盟友石田三成に加勢し天下を窺いたかった上杉景勝軍は、前門の虎の徳川家康軍、後門の狼に伊達政宗軍に睨まれ釘付けにされたのである。目論見どおり、石田三成が挙兵したとの急報を受けた家康は、景勝軍に臆することなく、やれるものならやってみよと背中を見せ、堂々と引き揚げ始めた。

家康はしかし用意周到であった。景勝軍の動きを見張るために放っていた何人もの忍びから逐次報告を受け、警戒心を解かなかった。もしも上杉景勝が会津城から出陣した時には、まず脆弱な背後から景勝を襲い陣立てを崩し、家康と政宗で景勝を挟み撃ちにする旨の密書を政宗に急送し、政宗から応諾を得ていた。

会津鶴ヶ城を睨んで聳える飯盛山に密かに陣取り、景勝軍に見つからぬよう草木で砲身を隠していたのはアダムスとオランダ人に家康直属の護衛隊である。景勝が城から出陣すれば家康に対し謀反とみなし、景勝を葬れと家康は下知していた。それがわかる上杉景勝は城から動けなかった。

石田三成に味方する真田昌幸は、武田信玄の小姓として正攻法から奇襲戦まで様々な戦法を教えられ、時には家康を弄ぶ謀将になっていた。しかし、領地が山間部では農産物の生産量にも限界あり、高値で取引できる商材には恵まれず、財力もさほどの蓄積は出来なかった。よって、兵力は総動員しても数千にも足りず、決戦を仕掛けられる戦力ではなかったが、寡兵が大軍と戦う様々な戦法を考えていた。このあと徳川秀忠の軍勢二万が、家康に叛旗を翻し上田城に籠った昌幸討伐に向かうが、上田の地理を知り尽くした昌幸は伏兵を窪地などに忍ばせ、秀忠の背後から襲い掛かった。大軍が陣を立て直し、包囲される前に脱出し城の搦手門（目立たない裏門）から城内に逃げ込む。追いかけてきた秀忠の主力が城の近くを流れる神川の浅瀬を見つけ渡りにかかると、上流に堰き止めてあった門を開き、大丸太を流し足軽たちやその武将を千曲川の大河に押し流した。上田城に籠った二千にも満たぬ真田軍など鎧袖一触と気負っていた秀忠軍は一週間以上も翻弄され、ついに関ヶ原の合戦に間に合わなくさせた。

家康は戦力とは経済力に大いに依拠することを熟知していた。戦争ほどカネがかかるものはない。大きな湊を物流拠点として全国から大量の物資を取引させ、その大商人から巨額の運上金や冥加金を献上させた信長や秀吉の経済力は、米に依存する他なかった家康を圧倒した。天下統一後は米作一辺倒の農作物経済から、欧州やアジアとの交易によって幕府や日本に富をもたらそうとする重商主義とそれを支える金山銀山開発に注力してゆくのは、家康が只の武将ではなかった証左であろう。

家康本隊が宇都宮布陣を解き、関ヶ原に向かう頃、アダムス連絡役の武将に家康から密書が届いた。景勝軍監視役は家康の次男結城秀康に引継がせる。家康はゆっくりと東海道を進み、三成征伐の軍勢を集めてゆくからその間にアダムスは急ぎ美濃大垣城を砲撃し、破砕せよ。これは、石田三成率いる西軍が大垣城に入城され、徳川軍を待ち受けられると形勢は徳川に不利となる。そうなれば、苦心して徳川に引き入れた諸将も寝返りしかねない。

家康の目論見どおり、石田三成の本隊が入城する前に、東軍はアダムスの砲撃で大手門を破砕し大垣城を占領、西軍の入城を阻止して西軍の前線を大きく後退させた。形勢は関ヶ原合戦を前にして、家康に断然有利となった。

家康は、関ヶ原の戦いに様々の手段を積み重ね、勝つべくして勝ったのであり、小早川秀秋の裏切りで劇的に勝ったわけではない。嘘八百を散りばめ、面白可笑しくした作り話で聴衆を喜ばせ講演料を稼ぐ歴史講釈家はいつの時代にもいた。秀秋裏切りが東軍の勝因ではなかった証拠は、合戦の最大の功労者のはずの秀秋が戦後すぐに冷遇されたことであるが、ここでは詳論しない。

関ヶ原決戦前夜、腹心の武将酒井忠次・本多忠勝・榊原康政らが家康の傍らで決戦前の張りつめた緊張を解きほぐすように、秀頼の公然の秘密を揶揄し始めた。

「内府様、石田三成一派は何故秀頼に命を賭して忠誠を尽くすのかわかりませぬな。六尺もある偉丈夫秀頼公はどう見ても小男の秀吉公の子には思えませぬぞ……」

「そのとおりじゃが、不倫の子の話は其のくらいにしておこう。秀吉公が〝秀頼は我が子也〟とされた以上、それで良いではないか。三成はともかく、他の武将達は半信半疑であってもな。そもそもわが徳川の素性とて、祖父清康公から六代遡り、松平に婿入りした親氏公までしかわからぬのじゃ。諸国を彷徨、どこの馬の骨か素性の分らぬ武辺者親氏公を松平の婿にするとは、持参金がかなりあったかよほどの取柄があったのであろうな。しかし庶民は、権力者の噂話が大好きな故、秀頼公の父親捜しの話に飽きたら、次は徳川の素性は諸国を流浪した浮浪者なりと噂話の種にするぞ」

家康は怜悧な政治家である。庶民は武力の反抗はせず、檄文などのあからさまな政権批判はしない。しかし風刺画で厳しく貶す。

秀吉存命中は、天皇の落胤を仄めかす日輪の子とまで崇められたのが、逝去すると一転猿に貶めた。有名な天下餅の風刺画がある。武将姿の信長が杵を振るって餅をつき、猿回しのちゃんちゃんこを着た猿、秀吉が猿のような指で餅を捏ね、その後ろで床几にどっかと腰をおろした家康が満足気に天下餅を喰っている画である。秀吉の世であれば、その絵を描いた絵師は草の根を分けて探し出され、極刑に処されたのは間違いなかった。天下と無縁の庶民は、権力者が落ち目になれば容赦なく貶め、次の権力者に迎合する。

家康の懸念するところを察した、智慧の回る本田正純が話を止揚した。

「内府様、何のご懸念も無用でござるぞ。戦いが終わり、我ら徳川の世になれば、早速筆の立つ学者や家系図捏造が得意な坊主どもを集め、立派な家系図を書かせましょう。さすれば徳川は日本一の名家になりまする」

家康は大笑いした。

「それは楽しみじゃな。嘘八百を並べ、信じてくれる者達を集めて盛大に法事や先祖供養を続けて、二十年もすれば本物の家系図と思いこむ。朝廷にも金子をたんまりはずみ、真筆と裏書してもらえば盤石じゃ」

天下分け目の関ヶ原とはよく言われてきた。

その遠因は秀吉の朝鮮戦争、文禄・慶長の役の戦功の査定にあった。文禄の役では釜山の戦いで橋頭堡を築くと、漢城（現在の京城）も占拠してゆくが、一大名に任せられるような小さな戦いではなかった。一国を動員した朝鮮軍は大戦に不慣れで劣勢になり、明国に援軍を要請する一方、朝鮮国王は日本国王に休戦を呼びかけた。日本国王とは、天皇のことを間違えて国王としたのではない。日本の統治者は豊臣秀吉と分かっており、天皇を休戦交渉の相手にはしなかった。

日本と明の戦いになると幾つもの大軍は正面、左右に布陣する包囲戦や伏兵、搦手など背後から襲うなど大がかりな組織戦になった。命を掛けて戦う以上恩賞を得ることに必死になる。他の大名軍の戦果をわが手柄にして、自軍の敗因は別の大名のしくじりと責任転嫁する。そうさせないように、秀吉は軍監、戦の査定者を各統括武将に付けていたが、戦の駆け引きに明け暮れてきた戦国大名は軍監の買収術にも長けていた。結果的に小西行長らが査定長官役の石田三成に評価され、福島正則・加藤清正らは評価が低かった。福島・加藤らは三成憎しに結束したところを家康に取り込まれることになった。

文禄慶長の役から二年過ぎたが、なお石田三成派の査定に納得せず紛糾していた時、しからば弓矢で決着させようと日本最大の戦を仕掛けた。その関ヶ原の戦いを決算するため、数値で検証したい。家康に味方しなかった西方大名の領地は総計六百三十万石とされ、日本全土の約三分の一にあたる。

これが西方大名から没収され、家康に味方した諸大名に分配されたことは、大きな権力構造の変化をもたらした。領地を激減させられた一人が豊臣秀頼である。秀吉が天下人だった頃約四百万石あった所領は何かと理由を付けては分割され、関ヶ原合戦の後処理では摂津・河内など約七十万石に仕置きされた。秀頼以上に怒ったのは母の淀君である。家康は秀吉公の家臣ではなかったか、その分際で秀頼の領地を激減させたと、淀君を家康憎しに追い込んだのである。天皇や公家の領地も平穏無事ではなかった。武家や寺社との境界を明らかにする名目で、信長や秀吉が手を出さなかった天皇の禁裏御料やや公家領地の境界を厳しく縄張りさせた。

さらに見落としできないのは、日本一を誇る佐渡金山に石見銀山・甲府金山などを徳川の直轄にしたことである。この宝の山の採掘だけなら過酷な労役とはいえ、人力でできる。しかし昔ながらの精錬では金粒しかできなかった。欧州の強国を魅惑させる金塊にするには、化学という日本が大きく遅れていた技術を習得する必要があった。アマルガム精錬である。家康は戦後の仕置きが終わると、国運を懸けたこの大事業に取り組むことになる。

関ヶ原の戦いに大勝利した徳川家康は一六〇三年、伏見城で朝廷から征夷大将軍の宣下を受けた。家康にしてみれば、自らの戦略と軍事力で全国の支配権を掌握したのであって、朝廷のおかげで勝利し、領地を得たのではないと思っていたが、朝廷の儀式で格好つけるかと割り切り将軍宣下を受けた。この点、自ら天皇に近づき天皇第一の臣たる関白となり、天皇の御璽を得て官位などを諸大名に贈り、恩を売っていた秀吉とは大いに異なる武家政権の発足になった。

筆者の学生時代の日本史授業では、幕府開設は天皇の将軍宣下によるとされていたが、近年になってようやく天皇宣下の実効性が見直しされた。鎌倉幕府の成立は一一九二年の宣下に遡って、源頼朝の権限で家臣や北条執権などの武将が全国の拠点となる地区、東日本は約五十か所、西日本は九州を含め約三十か所に守護・地頭を任命する。鎌倉幕府はさらに各拠点を束ねるべく京都守護、九州には鎮西奉行、奥州には奥州総奉行を以って全国主要地を組織的に実効支配した一一八五年が幕府政権成立の年と、日本史教科書の記述も変更されつつある。

守護・地頭とは各地の領主に相当し、それ以前の国司は朝廷の任命であったから、この時から全国支配組織は朝廷から幕府や執権に奪取されたとみてよい。鎌倉殿により遠隔地まで支配が及んだ例として、長州や薩摩の開祖も源頼朝の傍流との説まである。武家政権の承認に朝廷のお墨付きを頂く前に､幕府は勝手に実効支配をしっかり固めていた。鎌倉将軍とは呼ばれず､鎌倉殿で十分な尊称になっており、その実質的統治者は頼家や実朝の鎌倉殿ではなく、執権職を始めた北条一族になるが、将軍の尊称を求めるどころか将軍になる気はなかった。

徳川幕府が全国を実効支配したのは一六〇〇年（慶長五年）の関ヶ原合戦であり、朝廷には何の断りもせず秀吉の定めた領地を没収し、天下の仕置きは秀吉から家康に替わったことを全国に知らしめた。それは征夷大将軍に宣下される三年も前のことであった。

征夷大将軍の役職とは令外官、即ち律令で定めた正式な官位ではなく、正職から外れた臨時職であるから、とりあえず正四位並とされてきた。天皇が授ける最高官位は太政大臣の正一位、次が左・右大臣の従一位（又は正二位）と続き将軍の正四位は七番目の位になる。ついに天下人になりえなかった秀頼ですら従三位であったから、将軍より格上になる。その程度の軽職であった将軍職を喜ぶ天下の覇者はいなかった。信長も秀吉も将軍位は求めなかった理由である。左・右大臣の従一位より遥かに格下にされて喜べとは、今に見ておれ朝廷、になろう。

余談になるが、家康死後の享保十三年に越南より将軍に見事な白い象を献上するべく、編成された一団があった。江戸に向かう途中、天皇のたっての望みにより、白象は天覧の誉にあずかるが、禁裏に参内するには官位が必須になる。有職故実担当職の発案と推測するが、象は臨時職の〝広南従四位白象〟の官位が授けられた（注③）。将軍の官位が正四位とされてきた以上、有職故実担当職は将軍より下の官位を付けざるを得なかったが、その辞令書は書かなかった。そのような文書の写しが京都所司代に、恐れながらと密告されたら、〝おのれ、将軍様を動物の一つ上と愚弄するか〟と担当職は無事では済まないと用心したのであろう。

家康後継の将軍たちも将軍とは呼ばせず公方様と呼ばせた。しかし庶民は怯まない。陰で犬公方と馬鹿にされた将軍がいたのは周知のとおりである。公方も陰口をたたかれて嫌気がさすと、次は大君に尊称を変えた。権力者はケチを付けられない尊称が好きである。

家康はだれが天下を仕置きしているのか天皇や諸大名はもとより農民に至るまで生活上日々必要なカネの面でも知らしめた。慶長年間に徳川の権力組織は慶長小判・大判の決済用の高額金貨と市中に出回る慶長丁銀の銀貨の発行権、さらに国家プロジェクトになる慶長遣欧使節団を送り出す。慶長とは徳川にとって誠にめでたい年号であったが、秀吉晩年の治世も残る慶長を終了し、元和の改元により徳川の治世をリセットする。改元の権限も事実上幕府が握ったことになる。

家康は、見せしめのような処刑はしなかった。信長は延暦寺の僧侶とその家族を数千人も別々に殺すのは面倒と山ごと焼き殺し、秀吉は秀次とその妻子に側室や幼児まで数十名の首を刎ねた。家康はそのような大量殺人を嫌い、合戦後の反逆者への処刑は出来る限り少なくしている。反逆者石田三成の家族の中で息子は僧侶に、娘は地方の大名に嫁がせ、石田の血筋を残してやった。真田幸村とその長男は大阪冬の陣で戦死したがそれでけじめはついたとして、次男は伊達政宗に頼み、重臣片倉の名字に替え家臣と為し、義理に厚い幸村の血筋を残してやった。家康の恩恵を受けた武将は他にもいる。上杉景勝をして反逆者三成に味方させた家老の直江兼続も切腹は免れないとされていたが、家康が最も信頼している本田正信に命じ、その次男を兼続の入り婿にして名門直江家の名跡を守ることにさせた。

もう一人命を助けたい反逆者の娘がいることを思いだした家康は、正信を呼んだ。

「小西行長は朝鮮の戦いでは誠に天晴な働きをしたが、この度は三成に義理立てして残念なことになったな。息子達はともかく、キリシタンの娘は生かしてやりたい。名は何と申したか」

「確か、小西たえ、洗礼してマリアかと」

「たえを処刑される前に急ぎ召し出し、小西の名は消して、新しき名を付け三河以来の忠義一徹者に預け、身許が追跡されぬように手配せよ」

「内府様、畏まり候」

◎第四章　注釈

注①「徳川家康のスペイン外交」鈴木かほる著　Ｐ４６
注②「天皇陛下お誕生日に際し（平成十三年）天皇陛下の記者会見」宮内庁
注③「江戸を知る　江戸学事始め」竹内　誠著　Ｐ１９２

第五章　徳川家康の天下統一と積極外交

関ヶ原の決戦の前に、家康は戦後の仕置きと政治を考え始めていた。戦は徳川が必勝することは疑いない。問題はその後だ。刀と槍働きだけの力任せの猪武者は要らなくなる。武者には書面の文字面を読むのが精一杯である。まして、言葉の裏に隠されている意味や偽文書まで解読できる者は殆どいなかったと言ってよい。故に、証拠文書は偽造されていないか、筆跡や文字使いや花押や紙質や文書の折り方などを吟味の上、双方の議論が水掛け論になれば論点を整理しなければならない評定所の裁きは力任せの猪武者にはできない。必要なのは、刀と槍は振るえなくても紛争調停や財務が分かる者達だ。

使えそうな重臣は、外交に本田正信、金山や銀山への投資と利益のコストパフォーマンスを検証できる財務に大久保長安、藩ごとに様々の料率で流通して両替商を儲けさせている小判と銀貨を徳川の基準に統一する役は後藤庄三郎を充てた。各藩との決済通貨の金貨の発行権限は金座即ち徳川の中央銀行とし、市中に流通する銀貨と合わせて通貨発行量を増減し、景気を煽りそれが行き過ぎたら引き締めて、国内経済を円滑にする。更に対外業務を仕分ける本多正信の下には、船奉行として向井将監を付け大型帆船の構造などをアダムスから学ばせよう。

家康はアダムスから西欧の政治情勢を知ると、次にアダムスの造船技術力を見極めることにした。西洋帆船の国産化である。徒弟奉公したShip Wright（船大工）から商船学校で学びNavigator（航海士）、さらに王立海軍兵学校で支援将校に身上がりしたアダムスは造船をためらったが、家康がまず欲したのは帆船の造船技術であった。

家康は多忙であったが帆船建造を視察し、他方江戸の開発を進める一方で、欧州と交易し国を富ませる貿易立国も同時に進めようとしていた。既にウィリアム・アダムスを幕府外交方アドバイザーに重用していた。欧州はいかにも遠すぎて日本の航海技術では心もとなかったし、航海術が身についても中継港の設置が喫緊の課題であった。まずは長距離航海技術の習得には太平洋航路のターミナル港になるアカプルコ、交易市場探索には近場のルソンやシャムなどで経験を身に付けることが家康の堅実な仕事の進め方である。しかし、ルソンもアカプルコもイスパニア領であり、その交易にはイスパニア国王の勅許が必要になる。イスパニアとの交渉を急ぎ、その次にアダムスを探索方にして、イスパニアの勢力範囲外となるシャムやコーチシナ（Cochin China）などのアジア諸国との交易を考えることにした。同じようにイスパニアとの交易を仙台起点に考えていたのが、伊達政宗である。

アダムスの関ヶ原合戦の功績に異論を唱える重臣はいなかった。アダムスを母国に帰すことなく取り込むには、日本人の嫁をあてがい子を持たせることが上策と考えたのは自然の成り行きになろう。

家康は、島国の日本一円をくまなく支配するには水軍は必須になることに気が付き、自前で急ぎ育成することにした。正信に探させたところ、向井将監が水軍を研究し、大阪の陣でも大阪城に繋がる淀川の河口をくまなく監視させ、一向一揆のような海上からの援軍や物資補給を遮断させた功績があった。その将監を家康は、船奉行に抜擢した。将監は仕事ぶりから船奉行というより、海賊奉行だと陰口を叩かれていたが、江戸湾品川近辺に深夜出没する海賊捕縛や町屋入り口の警備に、そつがない仕事ぶりを見せていた。しからばアダムスの住まいと伴侶の仲介をさせてみるかと、将監を江戸城に登城させた。

家康、アダムスの屋敷と嫁探しを命ず

「向井将監、大御所様のお呼びにより罷り越しました」

「将監、闇夜の江戸に漁師を装って上陸し、夜盗する不埒者共を一網打尽にするなど、船奉行として江戸湾の治安によく励んでくれておるな。余は満足しておる。将監には荒川と江戸湾を結ぶ海路の要所に屋敷と船の停泊所を与えたが、何か不都合はあったか？」

「内府様、良き場所に屋敷と船着き場を賜り、何の不自由もございませぬ。誠に有難き幸せと心得えます」

「将監、今日そちを呼んだのは他でもない、ウィリアム・アダムスの住まいと伴侶のことじゃ。そちには江戸湾を締める日本橋のたもとに屋敷を与えた故、そのあたりは詳しくなったであろうな」

「ははぁ、大御所様から下賜頂いた住まい付近の地理はよく知らねばと、閑を見つけては周囲の見廻りなど致しおり候」

「左様か。いずれ日本橋は陸の五街道に加えて日本を一周する海路の拠点として整備するぞ。日本を統治するには陸路と海路の掌握が必須じゃ。その前の急ぎの仕事じゃが、将監の屋敷から目の届くところでアダムスの住まいを探してくれぬか。アダムスは異国人ゆえ、何時頑迷固陋の輩に襲われるやも知れぬ。よってアダムス警護の屯所などの目配りも忘れずにな。ついでにアダムスと漂着したヤン・ヨーステンの家も近くに手配してくれぬか。二人を隔離することなく時には相互に愚痴が言える距離に住まわせてやりたいのじゃ。控えめなアダムスと、自己主張が強いヨーステンが折り合えるようにな」

「大御所様、承って候。されど、ひとつ確かめておきたきことは、アダムスとヨーステンの住まいは同格で宜しきや、否やでござりますが？」

「それはな、ヤン・ヨーステンの住まいは武家屋敷の少し広いところが良い。アダムスの住まいは、将監と船造りの打ち合わせが多くなろうから将監屋敷の近くが良い。それも町人地区で差し支えないぞ」

「アダムスよりヤン・ヨーステンの住まいが格上で宜しいのでござるか？　さればヨーステンにはお城近くの松平肥後守様のお屋敷近くのさる武家の屋敷が空き家になりました故、そこに住まわせ、アダムスには身共の屋敷の近くの日本橋室町辺りが穏当かと存じまする」

「それでよかろう。ヨーステンはまだ日本に完全には同化できていない上に虚言癖もあり嫌われているようじゃ（注①）。アダムスに負けないと意地を張っておる故、家屋敷はアダムスより格上にしてやり様子をみたい。アダムスの対英交易が進まぬ以上、ヨーステンもオランダ貿易の要として残して置かねばならぬ。望むべきは対英交易と対蘭交易を競わせ、輸入価格を引き下げ日本の庶民にも手が届く価格にしたいぞ。アダムスは視野が広く知識も深く信用できる故、異国との交易には頼りになる。対英貿易が遅れても、余の手元に置き大事なことをさせたい。エゲレスに帰るなどと里心を起こさず、日本に骨を埋める気にさせるには、家屋敷の次は嫁じゃ」

「アダムスの嫁と仰せられましたか。さて、どのような娘が良いか、身共には皆目見当もつきませぬが……」

「嫁探しをし易いように、アダムスに三浦按針の名を与え、家康直参の武士階級に身上げさせる。故に武家の娘ならつり合いがとれるが、武家の娘には儒教の教えがあるのが却って禍になろうな。異人の嫁などまっぴらごめんと自決されたら哀れじゃ。仏教徒の娘とキリスト教徒の夫では水と油じゃが、カトリック教徒と英国国教徒なら大同小異。キリストを拝むことに違いはあるまい。さすれば、キリシタンの娘なら寄り添える上、西洋の生活習慣にも違和感を覚えぬであろう。馬込勘解由に預けておいた娘に話をしてみてくれ。預けた娘は器量良しで、武将の娘故に読み書きも確と学んでおるからアダムス宛の書状も正しく伝わろう。勘解由を通して娘の気持ちを確かめてはくれぬか。余が直接話しては、親の仇と却って反発するやも知れぬ」

武士が世の中を仕切ることが始まると、武士の妻が読み書きできることは必須になった。アダムスの日本人妻が読み書きできたことは、日本語会話は出来ても公文書に不慣れな夫に替わって読み伝え、領地田畑の反収や領主館の費えの管理を可能にした。

アダムス、イスパニア語が話せる娘と祝言

この時代、嫁の身分でも武士の嫁は二夫に仕えずである。亭主が死んでも離縁はできず、貞操観念も厳しかった。

江戸湾警備役に取り立てられた向井将監は、家康直々の嫁探しに、指図された馬込勘解由に当たってみた。馬込勘解由は、関ヶ原合戦に遡ること十年前、秀吉の仕置きで家康が江戸に国替えさせられ

た時、喫緊の課題は江戸城内の整備や城から出撃する騎馬武者たちの何十頭もの馬出し場つくりの土木工事であったが、その人足集めや工事の差配に汗を流した功績から伝馬役に取り立てられた。伝馬役とは、江戸城大手門から出てきた急使が早馬で各地に駆けだせるよう用意する役目で、日本橋に駅舎を設置した。その地名は現在も日本橋伝馬町と名を残している。

伝馬駅舎を拠点に、全国五街道の始発と終点になる日本橋は現在の大商業地域でなく、交通の要衝として発展し始めた。大商店が軒を連ねる商業地域に変遷するのは後年のことになる。当時の駅舎管理者には、幕府や諸藩の急使や飛脚に必要な馬を数十頭用意する役目があった。戦場で蓄積されてきた早駆けや多少の障害物は乗り越えられる乗馬技術を習得する幕府の施設、高田馬場で鍛えあげられた競走馬を以て全速疾走させてみても、現在の競馬馬のように一里が限度であろう。江戸から大阪まで百里を越える長距離になるから東海道の道の駅を百か所設置し、休養させている別の馬と替えられるよう、常に乗り換え用の馬を常備し、良い飼葉を食ませていた。馬の世話に加えて、公用飛脚のお茶出しの役目や、発信人と受け取人や日付などの情報を目付に報告するための記録も大事な仕事であった。外様大名などの不穏な発信とその宛先をいち早く知るのは統治者側の情報管理の基本になる。発信が続けば、大目付は御庭番と呼ばれる密偵をその国元に送り込んで何の大事があったのか、内情を調べ上げることになる。

その勘解由に話を戻す。勘解由に預けられていた養女は、見目麗しい三国一の美人だと評判になっていた。名前は詩桜里である。アダムスの妻は、馬込勘解由の養女であることはほぼ事実のようであるが、その名前を記した古文書は、実は未発見になっている。これまでの命名には「雪」があるが、これは昭和中頃を過ぎた四八年になって小説「海のサムライ」に登場したのが初出である。しかし、アダムスの妻と何度か面会し、クリスマスプレゼントを二回もしている英国商館長の日記は一級史料として信憑性は高いが、何故か名前は秘されMrs. Adamsになっている（注②）。コックス商館長はアダムスの妻と何回も交信や面会もしていたが、何故名前を記さなかったのか？　筆者は信頼できる古文書に見つからない雪の準用は諦め、アダムスの妻の名は、この書では新たに詩桜里としたことに読者のご了承を頂くと共に、英国商館長が名前を秘した理由は後程推理したい。

勘解由は大御所の直々の命となれば、否応なしである。親であれば養女とはいえ娘の末永い幸せを第一に考え、異国人との結婚に躊躇するのは自然であったが、天下人家康の意向となれば、端から拒否は出来なかった。馬込勘解由の養女とされた娘には格別の事情があったことは家康と詩桜里だけの秘密であり、勘解由にも詩桜里の素性はさる敵方であった武将の娘とだけ知らされていた。名前を明らかに出来ず新しき名を付けられたとは、大御所様に刃向かい処刑された者の娘で世を憚るのであろうと勘解由も察していた。

アダムスは詩桜里の美貌とやさしさと文書能力に一目ぼれしてしまい家康に是非ともと願いあげ、慶長七年（一六〇二年）に祝言をあげた。それは、アダムスが日本に漂着して僅か二年のことである。

関ヶ原の終戦処理、即ち味方して戦った諸大名への論功行賞と敵になった諸大名への死刑や島流しや領地没収命令書を吟味し、逐一承認の花押をするなど多忙を極めた時であった。それにも関わらず家康がアダムス取り込みを急いだことは異国との交易の大事業にアダムスの知恵を借りて早く始めないと自らに残された時間が足りなくなると感じ始めていたと推測する他ない。

江戸時代の祝言は、魔性が潜むとされた夜に行うことが多かった。蝋燭が何本あっても、月明かりがなければ、花嫁と新郎に列席者が並ぶ広間は明るくならない。新妻は角隠しの文金高島田の格式高い髷を結っている。夫が他に女性を囲うと愛くるしい新妻は嫉妬に狂い一転して角を出し鬼の形相をした嫁になる、という新郎への牽制からほの暗い夜が好まれた、という説がある。花嫁に対する新郎アダムスは家康に授けられた名門三浦の家紋である丸地に横棒三本の紋付袴を着けて正装し、花嫁と着座した。

家康の名代を始めとする招待客は日本橋室町の三浦按針宅に集まり、〝高砂やこの浦舟に帆を上げて……〟と祝詞が歌われ、挙式は一気に盛り上がった。祝言が滞りなく終わり、花嫁の初夜となった。アダムスは敬虔な英国国教徒であり子供のころから牧師に、神は配偶者となる女性だけと関係することを許すと教え込まれていたから、祝言が終わって愛する新妻と二人きりになれることを待ちきれなかった。

しかし、詩桜里の心中は複雑であった。家康のお声掛かりがあって祝言を機に加増され日の出の勢いの夫とはいえ、家康の後ろ盾があってのことである。家康も高齢に差し掛かり万一のことがあれば、アダムスの栄華を苦苦しく思っている頑迷固陋な三河者などに足元をすくわれる。その万一のことがなかったとしても、アダムスが単身母国に帰ると言い出すことを、詩桜里は何よりも怖れていた。しかし、それは先の事として、日本人には許されないキリスト教徒で大出世した夫の庇護に入ることが詩桜里の秘密を守ることになる、と、詩桜里は神に花嫁の祈りをした。

ロンドンの冬は曇が厚く、太陽が見えず小雨が多い陰湿な土地で、しかも日本人など一人もいないと聞かされていた詩桜里はジリンガムに行くのは無理とは思いつつも西洋の本物の教会に礼拝し神に祈りを捧げる望みも捨てがたく、心中は複雑であった。然りながらそのために異国人の一時の現地妻にはなりたくはないと思い、その夜は目尻から伝い落ちる涙で枕を濡らしていた。

日本橋の按針江戸屋敷で祝言を済ませると按針は詩桜里に幾つか申し渡した。その一つがお歯黒の禁止である。武家の女主人として奥向きを一切とりしきるのは誰か、来客に一目でわかるようにお歯黒にする慣習があった。しかし、アダムスは日本女性の美しい歯のエナメル質を破壊してまで口元を黒くするのは悪習とみなした。古来日本女性の美には明眸皓歯が尊ばれていた。明眸皓歯とは明るく澄んだ美しい瞳と、白くきれいな歯の女性のことで女性美は瞳と歯にあった。にも関わらず、朝鮮から渡来した文化とされるお歯黒は、英国から初代駐日公使として来日したオールコック公使にはその風習に理解できず

〝お歯黒は故意に女性を醜くすることで女性の貞節を守る役割があるのか〟と推測した。他方、欧州の上流家庭の女性は微笑みを忘れず、白く輝く歯を見せる。アダムスは、可憐な妻にいつまでも美しくあって欲しかった。

アダムスから詩桜里への申し渡しが終わると、詩桜里はアダムスに、ついに自身の秘密を告白した。

「わらわは、イエズス会の隠れキリシタンなの。関ケ原の戦いに敗れて処刑された小西行長の側室の娘なの。一族同罪で処刑されるところを家康様のご温情で助けられた。反逆者の娘小西たえ、洗礼名マリアの名は捨てて、詩桜里に生まれ変わりました」

その告白にアダムスは愕然とした。

「詩桜里、左様であったか。案ぜずとも良い。隠れキリシタンでも、領地で布教しなければこのアダムスと家康様が守ってくださる。詩桜里は宗教二世だが、小西の父上は何故キリシタンになられた？」

「わが父は堺の豪商小西隆佐の次男に生まれ、武人よりも世界と交易する大商人になりたかった。そのためにイスパニア人と仲良くしてイスパニア語や西洋文化を知りたかった」

アダムスは詩桜里の告白を聞き、イスパニア語会話ができることに喜ぶと、詩桜里も我が意を得たとばかり笑顔で白い歯を見せ、キリシタン仲間の打ち明け話をした。

「わらわのイスパニア語は娘のころ教会でザビエル（Francisco de Xavier）様に教えていただいた。ザビエル様は高貴な娘を選び、明智玉子様には選りすぐった修道士を専属教師にさせて、教養の他にイスパニア語教育もされた。熱心にイスパニア語に励んだ玉子様のイスパニア語をお褒めになって、洗礼名をガラシャ（Gracia）と名付けたの。わらわのイスパニア語はガラシャ様の足元にも及ばないけど」

「詩桜里、イスパニア語が分かれば英語はもっと簡単に覚えられるから余が教えよう。いずれ日本はイスパニア人を追い出し、英国人を迎えるから英語が大事になるぞ」

アダムスは時間をかけて、信仰はカトリックのイエズス会から国教会に宗旨変えさせる考えでいた。それが詩桜里の身の安全になり、ジリンガムに連れて帰れることになる、と。

一夜あけるとアダムスは詩桜里と供回りを連れて、領地となる相模の国三浦郡逸見村に向かった。噂話が大好きな江戸町民に見せる高級な絹地の武士装束、それは現在の大相撲の行司の装束に受け継がれ、テレビ放映などで間近に見られるが、高級武士の正絹の正装とは如何に豪勢なものであったことか。

江戸初期の侍の平均身長が五尺（約一メートル五十センチ）であった頃、アダムスは六尺の長身であり、馬上に上がれば三尺の長剣の佩刀は邪魔にならないどころかよく似合った。腰に家康から拝領した三つ葉葵が付いた大小の銘刀を差し、乗馬しているのを見た江戸町民は見栄えが良い異人侍に拍手喝采し、瓦版でも評判記事になったであろうが、残念なことにそれは発見されていない。

幕臣三浦按針の奥方になった詩桜里は煌びやかな女駕籠に乗っていた。小なりといえども領主の奥方であれば格式が大事になる。面倒なことだわ、と簡略にしたら、やはり異人妻だなと江戸の町民から陰口を叩かれる。アダムスは対日二年にして、好奇心が強く噂話が大好きな江戸町民の気質がわかってきていた。〝火事と喧嘩は江戸の華〟とお囃子されたように、江戸っ子たちは火事も喧嘩も巻き添えにならないよう町屋の屋根に上って、もっと燃え上がれ、もっと大喧嘩しろと好奇心が強く高みの見物をした。これはアダムス生地ジリンガムや、しばしば出張したロッテルダムにはなかった光景で、アダムスの日本人気質をみる観察力は確かであった。

アダムスは江戸っ子の評判に気を配った。費用や手間を惜しまず、領地への出立には先触れ、馬の口取り、旗持ち、槍持ち、護衛の供回り、唐櫃持ち、小荷駄方、奥方付き腰元等々で華麗な行列を組み、異人侍もなかなかの者よと口うるさい江戸町民を喝采させた。

腰元二人の名は怜と佳であるが、いずれも向井将監が三浦按針の頼みを聞き、武家の礼儀作法を十分に身に付けた娘を選りすぐっていた。詩桜里としても家康に反逆したキリシタン武将の娘と知られたくなかった。怜と佳の身許は定かで噂話はせず、詩桜里の秘密は詮索しなかった。詩桜里は全く関心がなく意味の分からぬ論語の読み書きや作法の躾は然るべき武家の娘が必要であった。この怜と佳が教育係として三浦按針二代目のジョセフに武家としての礼儀作法を躾、四書五経を教えたことが、家康死後秀忠に召しだされ、ジョセフが諮問される時に大いに役立つが、それは最終章までお待ち願いたい。

英国貴族や騎士階級にノブレスオブリージ（noblesse oblige）があるように、日本にもそれはあり「位高ければ、徳高きを要す」とされていた。格式・作法や時には貧者への施しにもカネは惜しんではならない。それを惜しむと江戸っ子から馬鹿にされるとアダムスはわかっていた。行列は二列の徒歩行進で粛々と進み、行列のほぼ中心に位置するアダムスは、道中笠を顎紐できりりと締め、馬の口取りが馬をゆったりと進ませる中、馬上から道の端に佇む江戸町民を見下ろしていた。

按針の江戸屋敷から新領主様御一行が明日出立するとの急使が飛んでいた。お国入りを知らされると、領民は総出して新領主を出迎える事が一番の大事になる。庄屋は、直ちに村民総出の受け入れ作業を差配した。田舎道でも雑草が伸びていないよう草むしりをさせ、それが終わると俄雨になっても人馬の足がぬかるみにはまらぬように、入念に小粒石を敷き詰め簡易舗装させた。道路舗装が終わると、次は領主館である。新しい青畳を入れその香りで領主一行の道中の疲れを癒し、色鮮やかな生け花や盛花、それが終わると海の幸、山の幸や最高の地酒をずらりと並べ、新領主様受入れの用意は万全になった。

高台にある神社近くの領主館に三浦按針は入った。浦賀水道を見下ろすと、その奥深くには按針の江戸屋敷があるのだ。この立地にアダムスは大いに喜び、いつの日にか英国商船団を迎え、英国人町も整えたいと考え始めた。英国は、日本の蝦夷地より緯度ははるか北で、ジリンガム（Gillingham）は五十一度に位置し、冬は暗く、太陽は見えない曇りの日が続く。薄暗い毎朝、悴む手にランタンを下げて造船所に通った辛い日々を思いだした。ジリンガムは英仏海峡の近くにあり海風が還流しているが、ここからテムズ川を遡り内陸のロンドンに入ると淀んだ空気に、鬱病など病気になる人は少なくなかった。

余談になるが、ロンドンの人口は急激に増え、大気も空気も石炭暖房などでさらに悪くなった。後述するスモッグ（smog）である。官費ロンドン留学生の東大生夏目漱石をして

〝一月五日　此煤煙中に住む人間が何故美しきか解し難し。思ふに全く気候の為ならん。太陽の光薄き為ならん〟とロンドン日記帳は早々と閉じてしまい、官費留学生を管轄する文部省に留学切上げ帰国願いをして、さっさと帰国している。

ジリンガムの春は遅く短く、年中霧雨のような小雨が通り雨のように降るが、雨傘を差しては仕事ができず、霧雨に濡れながら仕事をした。気候に恵まれない英国では、小麦も野菜も出来ばえは良くない。いち早く大航海時代の主役になったのは、気候が良く土地も肥えていて農産物も大量に採れたイスパニア・ポルトガル、脇役とはいえフランスになったことは自然の摂理であった。

他方、逸見村の農地は平地面積が少ないとはいえ、冬でも太陽は燦々と眩しいほど輝き、暖かい日差しは野菜も米の苗も優しく育んだ。この地にはロンドン住民を悩ませていた食料不足はないし、春の訪れはジリンガムより遥かに早かった。正月を過ぎれば梅が綻びはじめ、光と緑あふれる逸見村はアダムスには別天地（paradise）である。

航海士アダムスは磯の香は好きであった。しかし、別天地と思った光あふれる領地暮らしに慣れてくると嫌な臭いがあることに気が付いた。夏が近づくと汚臭が田畑から領地一帯に漂い始める。人糞肥料である。アダムスが少年だったころ、テムズ川を遡り、オックスフォード（Oxford、アングロ・サクソン語の Oxenaford（「雄牛の浅瀬」は、牛飼い農民がテムズ川で雄牛に水を飲ませ、浅瀬を横切り牧場に往来したことに由来）一帯をみたことがあった。丘の上には多数の牛が放牧されていただけに、少なからざる排泄物も目にした。英国にも上流の畑地に運ぶ汚わい船もあった。

アダムスはその船の修理はしなかった。人糞肥料が赤子の拳ほどのジャガイモを大人の拳ほどに大きくさせ、栄養価を高め味も良くするのみならず、川を汚染することなく、都市につきものの伝染病の蔓延が江戸市中にはないと分かっていても、この臭いには閉口した。ちなみに畑地への肥料に人糞を止めたロンドンは、テムズ川に垂れ流しを始めてしまいペスト大流行の原因の一つになるが、それはアダムスの死去から五十年後になる。そのことを知らずジリンガムは汚臭がしない良い土地であったと思いつつ死んだアダムスは幸せであった。

相模国三浦郡逸見村領主三浦按針の領地巡視は夏場を避けたかったが、熱いさなかに田畑の草取りに追われ、農民が汗まみれになり最も苦労する時期にこそ巡回し、励ましてやりたかった。按針は警護役の平湊介と馬を並べて巡視に出た。固められていないあぜ道を馬に歩かせる方が、硬い舗装道よりはるかに乗り心地が良く、按針には農道巡りの乗馬が腰に心地よかった。按針の腹心の家臣になった平湊介は領地の長井湊の生まれであるが、祖先はこの地を納めていた坂東平氏のようであった。四百年の時の流れは平氏を衰退させ、末裔の三浦一族もまた滅び去った。侍として生きるため伝手を頼って身許を保証する紹介状を用意し、按針屋敷を訪れた。按針の命ずる仕事は勿論、奥方の詩桜里の言いつけもそつなくこなし、ジョセフやスザンナの遊び相手にもなっていた。按針は狭い農道を一馬身後ろから付いてくる湊介に声をかけた。

「湊介、この臭いは嫌だな」

「殿、すぐ慣れますぞ。磯の香の代わりとお思いになれば」

余談になるが徳仁親王がオックスフォード大学に留学された時、最初の語学研修は大学近くのホール大佐の邸宅であった。その農場を視察された時、

〝鼻をつくマニュアー（manure 牛糞肥料）の臭いにも悩まされた。コーカス夫人にその旨もらすと、Good country smell !! と一蹴されてしまったが、慣れてみるとなるほどそれも良いものだった〟（注③）

逸見村で米の収穫が終わり、豊作に喜ぶ領民を見ると按針も自然と笑みを浮かべていた。稲が刈り取られ空地になった田んぼには麦の種が蒔かれた。晩秋になって臭いが無くなると、按針は田畑の視察に出かけ、胸いっぱいに澄んだ大気を吸い込んだ。ふと傍らの田んぼの領民を見ると、せっかく育ってきた麦の緑の芽を足で踏みつけている。不審に思った按針は傍らの湊介に顎をしゃくって尋ねた。

「湊介、麦を足で踏みつけては枯れてしまうぞ。やめさせなくては」

「殿、ご懸念には及びませぬ。麦は踏みつけられてこそ、霜に負けず根張りが良くなり、寒い冬に耐えられるのです。春が過ぎるころには強く良い麦に育ちますぞ。殿の故郷では、麦踏みをお見掛けになりませなんだか？」

「余の子供の頃のジリンガムの街外れには、麦畑はなかった。少し離れた日なたの丘にはあったが、道草をくう暇はなかったな」

アダムスは考え込んでいた。我が身は領地を与えられても米作領主にはなれぬ、いずれ航海士兼探検家として生きていこう、余の航海中の領地見廻りはこの湊介、米の税収と帳簿付けは詩桜里と怜・佳に任せよう、と。

この領地でアダムスと詩桜里は琴瑟相和して仲睦まじい姿を見せ、立派なご領主様と領民の評判になっていた。領地見廻りの時も気軽に農民に声掛けを忘れなかった。按針の姿を見て、畦に平伏しようとする農民に、

「よい。そのままで良いぞ」

按針は優しく領民に声をかけた。正直なところ、長話をせず見廻りを早く切り上げ、臭いが殆ど漂わぬ邸宅に帰りたかったのである。

按針館に戻り、愛する妻に英語を教えられる水入らずの時間を大事にしていた。仲睦まじい二人に

自然と二人の子も授かった。嫡男ジョセフ（Joseph）と、娘スザンナ（Susanna）である。ジョセフとは、聖書であまりにも有名である。イエスは処女懐胎した神の子であるが、母マリアに夫がいないと出産後のマリアがイエスを抱えて貧困生活に苦しんだのでは、と心配をした多くの新規キリスト教徒たちを安心させるように、イエス昇天後約二百年を経て書かれた新約聖書（・ルカによる福音書など）に、あと付けのようにイエスの養父を登場させたのであるが、これによりキリストの母マリアの夫ジョセフは高名になった。スザンナも旧約聖書に登場しクリスチャンの娘に司教から名付けられる有名な名前になる。ジョセフやスザンナの名前の由来を知らぬ欧州人はごくわずかの無神論者以外にはいない。キリスト教徒に尊崇される名前をつけたことから、アダムスは異国にあっても敬虔なプロテスタントの英国国教徒であり続けたことが分かる。

アダムスは、ジリンガムの妻に何度手紙を送っても返信が全くなかったことは、妻は不幸にも病死したか、帰らぬアダムスを諦め他の男と再婚したのかと覚悟をせざるを得なかった。この時代のロンドンの平均寿命は四十五歳くらいであり、四十を前に若死にするものも珍しくはなかった。妻のメアリー・ハインがもはやこの世からいなくなったのであれば、詩桜里とジョセフとスザンナをロンドン近郊に連れて帰る心積りで、国教会やジリンガムの村民に受け入れられ易いクリスチャンネームを付けたと考える。

農作業に活気のあった逸見村の日が落ちると静寂な夜が訪れた。月はくっきり大きく、大小さまざまな星が無数に煌めいていた。アダムスは四十近くになっていたが、曇天が続くジリンガムの夜空には一度も見られなかった星が無数にあふれる光景に感動した。ここで詩桜里と定住することもアダムスは真剣に考え始めた。

逸見村の領地で早くも一年になる頃、夜空の星の動きが分かる航海士のアダムスは、遥か西に箒星のような大きな星が墜ちていくのを見た。何か不吉な予感がした。もしや女王様が、確か今年は御年七十歳になられるはずだ。もしや、いやそんなはずはない、と自らの不安を撥ね退けた。

エリザベス女王急逝とジェームズ一世

アダムスが逸見村の西の夜空にみた不安が的中した。決死の覚悟でロッテルダムを出航して四年も経たない一六〇三年四月、エリザベス女王は神に召されてしまった。死因は肺がんとされている。

英国の冬季の暖房は薪や泥炭であったが、石炭が大量に出回り安価になると暖房のみならず、製塩や鍛冶屋など家内工業でも大量に燃焼され始めた。ロンドン地域の人口急増が進み家々の煙突から舞い上がる煙は空気を汚染してゆく。煙草を吸わなかったエリザベス一世が中高年になり、呼吸器を痛めた原因は石炭の煤煙にテムズ川とロンドン周辺の低地や沼地にたちこめる霧が混ざったスモッグ（smoke ＋ fog）であったろう。高貴にして宮殿住まいのエリザベス女王もいつしか肺を悪くしていた。スモッグは宮殿にまで舞い込んでいた。エリザベス一世も肺に息苦しさを感じ始め、それが大気汚染と気が付き、世界で初めて石炭の煤煙を規制した君主で環境保護の先駆者であったが、自らの病を癒すには遅すぎた。

女王は生涯結婚しなかったし養子もいなかった。よって後継者を誰にすべきかエリザベスは死を迎えるベッドで考え込んでいた。我が統治の喫緊且つ重要な課題は、スコットランドを併合し国教会に宗旨変えさせること。これなしには、いつまでもローマ教皇やフランスから介入される。それを諦めさせるにはイングランドとスコットランドを連合国家にすることだが、露骨にやっては、スコットランド国王とその人民の猛反発を浴びることになる。エリザベスはスコットランド問題に苦悩し、死の淵に沈みそうな時、起死回生の妙手を思いついた。スコットランド国王ジェームズ六世にイングランド国王を兼務させよう。ジェームズ六世のスチュアート朝にもエリザベスの祖父のＤＮＡが受け継がれている。エリザベスのチューダー王朝とスチュアート王家は血の繋がりがある親戚なのだ。ジェームズがチューダー王朝を引き継いでくれるのが穏当であろう。スコットランド人民には、スコットランド国王がイングランドを併合したと思わせればイングランドへの敵意はなくなる。新しい国旗はイングランドの赤い十字の上に、スコットランドの青地にアイルランドの赤字の斜線を加える。ここに三王国が合体したユニオンジャックの威風堂々たる国旗が誕生した。

エリザベス一世の崩御により、後継者はヘンリー七世の娘マーガレット・チューダー王女と結婚したスコットランド王ジェームズ四世の曾孫、ジェームズ六世（三王国国王に就任しスチュアート朝を開いたことで一世に改称）が正式に玉座についた。ちなみにこの三王国合併はグレートブリテンに大きく発展させる契機になったが、その大事業にも関わらず、ヘンリーは名乗らず、チューダー王朝を幕引きした。自らのネーミングにはヘンリー八世と距離を置きたい心境があったのではないか。

英国が三王国合体で力をつけ、東アジア交易に改めて乗り出すのが新国王、ジェームズ一世になる。しかしジェームズは、母メアリ・スチュアートが処刑された時わずかに一歳、母の処刑命令をした者が誰だったか知らされるのは成人してからである。栄光の英国王室千年の歴史には、先帝が後継王の親を殺してきたという影がある。エリザベス女王はジェームズの母の処刑命令書を握りつぶすことなく署名した。

ジェームズ一世に兄弟はなく、母を処刑され、天涯孤独になったジェームズ新国王は、母の処刑命令書を反故にしなかったエリザベス一世を素直に尊敬できず、女王の治世に冷ややかであったことをアダムスは知らなかった。女王のアダムスへの厚い信頼は、ジェームズ国王からは直ちには得られなかった。

スコットランドは、古きゲール人のあとにフランス・ブルターニュから移住してきた小貴族の一族が始祖となり王国を築いたとされる。それがスチュアート家となり、代々スコットランドを支配してきたが、祖先がフランスの移住者であったことから先祖の出身地フランスと友好関係にあった。スコットランドのジェームズ先代国王のカトリック傾斜を警戒して送り込まれたのが、ヘンリー七世の娘でヘンリー八世の妹になるマーガレット・チューダーで、ジェームズ六世の祖父、五世を産んでいた。

エリザベスは日本のアダムスから報告がなく、ジリンガムに置き去りのようになっていたメアリーと二人の子供が不憫と思いつつも支援ができないままの崩御となり、チューダー王朝は幕を閉じた。

この一六〇三年（慶長八年）、征夷大将軍に任ぜられた家康は、江戸城に全国から十万石以上の大大名を呼びつけ大広間に平伏させると、征夷大将軍として天下を統らしめることを宣言した。この時の家康の居城たる江戸城はまだ大天主がなかった。防備一辺倒の石垣にそれまでの見張り小屋を強化発展させた櫓、多くの足軽を居住させる平屋の大部屋に、その大量の食事を準備する台所や水を汲み上げる幾つかの井戸を掘らせたものしかなく、三百名以上もいる全ての大名を官位や石高に応じて適度な間隔を保たせ一堂に会する大広間は作事できていなかった。江戸城が、天下統一した威厳を見せるべく大阪城より大きな五層となり、木造建築として当時の限界とされる高さ三十間もの巨城になるのは、家康が死去した後の寛永一三年（一六三六年）、家光の時代になる。

一六〇六年（慶長十一年）、家康は家康六男忠輝と政宗の長女五郎八姫と婚儀を行い、正式に徳川は伊達と姻戚になった。家康は、国を固めるのは秀忠が適任と信頼し世継ぎとしていたが、堅物過ぎて視野が狭く異国嫌いが変えられない以上、内政は委ねるが、外政は冒険心があって外洋に乗り出す気構えある別の息子に任せる考えでいた。松平忠輝である。家康六男の忠輝には、御三家筆頭尾張藩の開祖となった九男義直の六十二万石に次ぐ、越後高田（現在の新潟県上越市）六十万石を与えた。まだ治世に実績ない若者には破格の大藩であったが、これは交易にかかる帆船建造や直江津湊の整備など巨額の経費を賄うためであったろう。

忠輝の嫁となる伊達政宗の五郎八姫はクリスチャンであり、忠輝も義父政宗と共にイスパニア貿易に夢中になっていることを知った、兄秀忠はこの三人組がイスパニアと親密になれば大乱をもたらすであろうと警戒を強めた。

家康は、日本一の城造りよりも優先すべきは未開発の関東と東日本の整備と考えていた。その重要な一手を打つべく、東北日本の覇者伊達政宗を江戸城に招いた。政宗に重大な密談が用意されていたのである。

家康、伊達政宗と密議

一六〇九年（慶長九年）、家康は政宗を江戸城に招いた。人払いして余人を交えず、二人は関ヶ原以後の四方山話を一段落させると、本題となる対欧州戦略の準備などを話し始めた。

「伊達殿、貴殿の力添えで我らは三成らの逆賊を葬った。これから徳川と伊達は忠輝と五郎八姫殿を以って縁続きになり、ますます誼を強くしたいと思って居るぞ」

「大御所様。めでたく天下人になられたことに忠心をもって祝着至極に存じあげまする。またこれからご子息忠輝殿が我が娘五郎八姫と夫婦になり、徳川家と伊達家の誼が強くなることは有難き限りでござる。これから東日本の経営を如何に思召すか、僭越ながらお聞かせ願えたく存じ候」

「そのことよ、今日我が城にお出願って、貴殿のご存念を伺いたかったことは……」

「徳川家の弥栄の繁栄が盤石になるよう将軍就任から二年も経たぬのに、早くも秀忠殿に将軍の座を譲られ、殿下は大御所として後見職におなりになられた」

家康は、天皇の権限で将軍職任命はさせず、徳川が代々世襲してゆくことを明らかにした。同時に大阪城にいる豊臣秀頼と淀君にもはや将軍職を望むなという無言の圧力であった。秀頼が天下を望まないと明言すれば、徳川と合戦して領地を取り戻したいと全国に潜んでいる関ヶ原負け組浪人はついに夢は消えたと悟り、秀頼の下には参じなくなる。秀頼の英断で合戦を避けられたら、秀頼に加増する考えでいたが、まずは天皇と徳川のどちらに国政の決定権があるのかはっきりさせた。これもエリザベス女王が国王至上法を定めたことをアダムスから聞かされた家康の動きであった。

政宗は、その家康が秀忠をどう考えているか、慎重に探りを入れてみた。

「左様。いかにも秀忠に二心は些かもなく忠義一徹、守りは余よりも確かに固い。故に内政は任せて良いかも知れぬが、歯がゆいのはルソンやコーチシナやシャムなどと広く交易して、この小さな島国を富ます気はさらさらないことじゃ。この狭い日本は農業だけではどうやってみてもポルトガルやイスパニアと肩を並べる大国にはなれぬことが分からぬのじゃ。万民が豊になって蓄えができれば、徳川に刃向かう者がでてくると懸念しておる。貧しくさせておけば反逆する気力を無くすと吹き込む不埒な側近がおるが、それは逆じゃ。民を豊かにしてやれば日々のたつきに満足し、高くても旨いものを食べ、芝居観劇や物見遊山を楽しむようになる。贅沢ほどうれしいことはない。さすれば命を賭して公儀に反抗するなどあり得ぬわ」

家康が出生した一五四二年の翌年、種子島にポルトガルやイスパニア商人が持ち込んできたのは火縄銃の他に様々の珍品があった。日本の大商人は驚くべき高値で買い込み、イエズス会士を喜ばせたばかりか、キリシタン大名大村純忠は長崎港までイエズス会に寄進してしまった。澳門のように長崎を日本侵略の要塞にできると大喜びしたイエズス会創設者の一人ザビエルは、大村純忠にその返礼として日本にはなかったメガネなどを献上したとされる。

メガネ一個に加えて他にも貢ぎ物は多かったであろう。高価なメガネのおまけは日本になかった鉛筆であり、その一本が家康にも献上され家康の遺品の中に残っていた。メガネと鉛筆とその他の小物に満足して、入江が奥深く続き外洋の嵐から船を守れる日本有数の良港の長崎と交換するとは呆れて物が言えない。長崎港を取り戻すのに八年費やしても埒が明かず、業を煮やした豊臣秀吉がようやく取り戻すきっかけにしたのが、一五八七年の「伴天連追放令」であった。大村純忠から献上されたメガネは、カトリック信仰がもたらす薬と毒の危うさを示す証拠物として家康は手元に保管していた。

家康は、如何に四書五経を丸暗記しても焦点を合わせるという光学知識は皆目分からず、日本で製造できるわけがない。海外と交流し、唯のガラス玉ではなく、焦点を結ぶレンズの技術を習得するのだ。ここに論より証拠があるぞと秀忠にメガネをみせた。

しかし秀忠は近視でも遠視でもなかったからメガネには何の関心も示さず、別の考えをしていた。生産力が無くなった老人たちは幕府や諸藩に何の価値もない。メガネなどに大金を使わず早く死んでくれたほうが家族や国のためになろう、と考えていた。

このあとオランダの光学技術は近隣諸国の研究者と協業して更に発展した。レンズ中心周りをニュートンリングが生ずるように加工し、倍率もレンズの厚みを変えて高くし、金属の筒に何枚ものレンズを固着させて世界最初の顕微鏡を試作したのである。顕微鏡が細菌の検出に役立ち病理医学を発展させたことは言うまでもない。

秀忠は科学知識には無関心の将軍であり、華美な生活や豪華な趣味にカネを使わぬよう身を律していた。秀吉公が為されたことは、千利休の口車にのせられて竹細工の茶道具を侘び錆びがある、何十人も口をつけたこの茶碗は味があるなどと理屈をこね、何百両も浪費することが安土桃山文化だと自慢してみても、豪華さと重厚感を求める欧州の諸大国は、日本文化には貧相なものしかないのかと呆れさせるだけであった。

他方家康は、欧州に日本の商業使節団を派遣し、各国国王の城に相応しい鎧兜の武具、国王の居室には金箔をふんだんに貼り合わせ煌びやかな六曲一双の巨大な屏風などの大型美術品や螺鈿細工品、そして漆塗りを十層も固めて耐久性と重厚感ある高級食器やキリスト像を大事に納める厨子などの工芸品、さらには欧州貴族や大貿易商の奥方たちに西陣織の正絹の振袖も展示して、日本の技術を評価させなくてはならぬ。そのために人材・商材・大型帆船・各港に補給ネットワーク等々の仕組みつくりを考え始めていた。ちなみに欧州で珍重され始めた漆塗りの高級食器や家具類はこれぞJAPANと名付けられた。漆器は日本製が最高品で、同じ漆器でもChina製は格下とされたのはポルトガル商人のお蔭であるが、Made in Japanが世界の高級品となる魁になった。

政宗は、家康がいよいよ本心を明かすかと先読みを入れてみた。

「西日本が日本でいち早く豊に繁栄してきたのは、欧州との交易の利でござれば、東日本でも交易を通して豊かになることを思案しても良いかと」

「至極当然じゃ。さすがに伊達殿は世界を見る器量がある。その上先を考えておられる。余もそれには大いに賛同するぞ」

「恐れ入り奉ります」

表向きは従順を装う政宗に対して、家康は突っ込みを入れた。

「そこでじゃ。天下を治める余が国王と称し、欧州と外交するには大型の帆船が必須じゃ。欧州に派遣できる堅牢な巨大船をいずれ数多建造するが、まず足元を見れば江戸城の周りは沼地や荒地の原野ばかりじゃ。何はさておき江戸の荒地を開拓しなくては、まともな湊も造れぬわ。アダムスに詳しく尋ねたが、世界一の都はロンドンで八十万もの民草がおる。それなら余は江戸を百万の大都にする。さすれば南蛮船が寄港し大江戸を見れば世界一と話してくれ、さらに賑わう。しかし江戸の港やその一体の開拓にいかほどの金子が必要か、途方に暮れておるぞ。江戸を湿地にさせた利根川の流れを銚子に変え、新田を開発し米を増産する。広い街道もつくる。政宗どのや東北諸大名との交流を密にさせる街道に、長さ八尺大八車ではたいして運べぬが、一丈車に大きくして馬に曳かせれば早く大量の物資を送れる。双方向で一丈車が行き交っても、衝突や渋滞なく早く進ませるには道幅十五間は欲しいぞ。宇都宮以北の街を繋ぐ大通りがあってこそ、駕籠かきや馬車曳に始まり、旅籠や茶店に飯屋さらに土産物屋の商店が立ち並び、旅衣装に旅支度品も売れる。農家や樵の娘たちも旅籠の飯盛りや茶店で稼げ、現金収入が得られる。それでカネが回り始めれば、新たな産業も興り発展するのじゃ。武士や農民の喉を潤す茶も我が駿府の茶の木を関東に移植させようぞ。荏原や下北沢の台地が茶畑に適しておる。品川には大きな外国船が安全に係留できる防波堤を築き、船乗りたちの飲み食いや慰労や、航海物資を補給できる湊町も作りたい。そのためには海底を六間は掘削し、大船を何隻も繋ぎ留める石の堤なしには、大型帆船は来航しない。しかし徳川の財力は千万両も関ヶ原に使い果たしてしもうた」

政宗はここでケチな狸爺が企んでいることに気がついたが、素知らぬふりでその話は避けようとした。

「殿下のご苦労、大儀に存するばかりでござる」

百戦練磨の家康が政宗を逃がすわけがない。政宗が乗り出すよう、話を切り替え攻めてみた。

「余の手元に置いているエゲレス人のアダムスの事は御存じでござろう」

政宗はかなりの事を知っていたが、家康に政宗の情報収集力を警戒されぬよう、半ば知らぬふりをした。

家康は手の内を明かさねば政宗も話さぬとみて、まずアダムスの内情を知らしめることから始めてみた。

アダムスに三浦按針を名乗らせ、重用

「アダムスはなかなかの者じゃ。ただの船乗りではないぞ。造船技術や航海術は勿論のことイスパニアとの大海戦に加わり、世界制覇を目論むバチカンのことも良く知っておる。バチカンとは余が平定に散々てこずった一向宗大本山を巨大にして全国の末寺と繋げた上に、朝鮮や明にまで末寺を置く司令塔のようなものじゃな。その無数の末寺から布施を上納させ、其々の政情を報告させておる」

「左様でござったか。大御所様が得難き人材を手元に備えられたことを慶賀に存じ奉ります」

「アダムスには三浦按針の名を与え、幕臣にとりたてたぞ。侍は坂東武者に限るなどとは了見が狭いわ。青い目をした侍はなかなか面白いぞ。余の特別の直臣の証として大小の刀も与えた。鞘と鍔には徳川の三つ葉葵紋を付けてな。これをチラ見したら異人嫌いでもアダムスに言いがかりをつけられまい。奴は長身故、刃渡り二尺九寸の長刀が良く似合う。これで異人侍として値打ちがでるぞ、ははは。三浦の家名は、徳川にもゆかりのある初代将軍源頼朝公の側近でおられた、三浦義村殿を始祖とする由緒ある武門の名前じゃ喜べ、とな」

家康が愛読していた歴史書は北条執権が千葉や比企、畠山などの有力武将たちを順番に滅ぼし、最後に残った三浦一族や後鳥羽上皇との抗争には北条に正義ありと正当化した歴史書「吾妻鏡」である。その頃の地方武士は読書どころか漢字も書けない猪武者であった。しかし、家康は松平元康を名乗った少年時代に今川義元の人質になり、義元の軍師であった太原雪斎から四書五経を教え込まれ読解力と判断力を身に付けた。義元が討たれ、太原雪斎から離れると古今の歴史書を読みこみ、鎌倉幕府と北条執権一族の公式歴史書になる「吾妻鏡」を側近に推奨したのは文人でもあった家康である。一六〇六年（慶長一一年）家康は木製活字を導入、「吾妻鏡」や儒教書などを大量印刷させ湯島聖堂で数多くの幕臣に歴史教育をさせた教育家の一面もあった。

政宗の問に戻る。

「アダムスを三浦按針に改名し、幕臣にお取り立てと仰せになられたが、領地もお与えなされるや？」

「うむ、相模の国三浦の逸見村（現在の横須賀市の一部）に領地を与えた。逸見村からは浦賀水道が見下ろせる。浦賀の湊を整備させ、エゲレスから商船隊を呼び寄せてみたい。按針には浦賀水道から品川までの海路往来法を決めさせ、江戸湾が欧州やルソン・シァムにコーチシナ（Cochin China）からの異国船であふれかえっても水先案内が確と船の動きを仕切り、衝突させぬようにせねばならぬ。按針が日本各地の湊を良く知れば、太平洋航路と日本海航路を決め、両方の海路の終点は江戸品川にする。それを束ねる日本の海事総裁として、ルソンや安南にシャムなどに視察に赴くことになれば、高級な衣装を身に着け、高価な持ち物も誂えねばならぬ故、新参者とはいえ石高は五百石（現在の貨幣に換算すると約一億円）、高台の耕地ゆえに農地用水は限られ農民も四百人と少ないが、それは按針の働き次第じゃ。逸見村が浦賀港に食料補給をする後背地として開発が進めば石高は千石どころか三千石にも増え、農民に加えて商人や職人も栄えるのじゃ。良く励み三浦半島一円十万石の国主をめざせ、とな」

徳川政権は武士の階級化をより強固にしてゆく。幕末の出世頭になった山縣有朋や井上聞多等々、武士の最低辺に位置した足軽階級の年収は八石だったとは司馬遼太郎氏の幕末小説などであまりに有名である。江戸時代を通じて末端武士の給与は米の現物支給であった。米一石とは重量では百五十kgになる。米は天候や病害虫で年ごとに豊作や凶作になり、一石の価格は一定ではなかった。豊作ならば一石十三万円ほどに値が下がり、凶作になれば二十五万円以上に急騰する。著名な歴史学者の中には、一石を十万円とする方もおられるが、それでは最底辺の八石取の年収はたった八十万円になり、どうやって生きられようか。あまりに非現実的ではなかろうか。筆者は納得できる価値として一石を二十万円としたい。

八石取りの足軽侍は一石を本人の一年間の食料として、衣食住の自給自足を始めなくてはならなかった。まずは、足軽として走り回れるよう自らの足に合わせたオーダーメイドの履物つくりである。農民から提供された藁で草鞋を一年分二十足あまり手作りする。残り七石を売って、傷や腹痛に効く富山の薬に味噌・醤油や褌、夏服、冬服、刀の砥石などの必需品の購入や、魚・焼酎・煙草などの贅沢品もたまには楽しみたい。好きな娘を見つければ恋文用に高価な上質和紙や贈り物も買いたい。当時は所得税などの天引きはなかったが、八石取りから残した七石を売った年収百四十万では現在の生活保護レベルで、カツカツの貧乏暮らしであったことは間違いない。

アダムスの五百石取りは約一億円に相当すると先述したが、丸ごとは取れない。領民との仕分けは四公六民にすることが幕府の公定であり、実収は四千万円になる。武士社会そのものが現在より極端に貧富差が大きい超格差社会で、上流階級となる旗本や小大名の石高は一万石（約二十億円）以上になった。一万石以上の旗本や小大名に成り上がるのは夢のまた夢としても、三千石程度の町奉行や六百石の与力に身上りしたければ、上役を始めとする徳川幕府に忠義と心付けを忘れるなという制度設計と言えよう。

この武士の忠義とは、主君への絶対的な服従を意味する。現代の人権意識からは理不尽この上ないが、二〇二二年NHK大河ドラマ「鎌倉殿の十三人」でもそれが表れた。出典は二代目将軍に批判的な「吾妻鏡」であろう。それによれば二代目将軍頼家は、十三人の評定衆の一人安達影盛の美貌の側室に目を付け、我が妾に差し出せと命じたのである。TVでは頼家の母北条政子がやめさせようとするが、絶対的な権力者の意に逆らうなどあり得ない。影盛は泣き崩れる愛妾に頼家の将軍館に行くよう命じた。

命のやり取りをしていた戦国時代では男は勿論、女もしたたかに生きる。政略結婚で敵の武将に送りこまれた娘の最大の親孝行は、傍らに寝ている夫の寝首を掻き取る刺客任務である。合戦が終われば、夫が命のやり取りで得た武将首を綺麗に洗い死に化粧を施し、主君の首実検に供したのであった。その主君の命令であれば、妻どころか命まで差出し、見事に切腹して見せるのが武士の忠義にさせられていた。御家人の正妻や側室たちの陰謀もまたすさまじかった。そのような武将や奥方が暗躍した実像を知れば、武将を美化したり、英雄視する気にはなれないのではないだろうか。

秀吉の命で切腹させられた千利休始め、主君に命を捧げた家臣は数限りなくあった。そのような勝手極まる主君を家臣にいささかも批判させないのが論語を始めとする四書五経の教えによる洗脳ではなかったか。朱子学の教育は武士階級だけではない。村々の子供用寺子屋に始まり各藩校や幕府の高官候補者を養成する湯島の聖堂に至るまで徹底された。

余談になるが、中国出身の芥川賞作家楊逸によれば、「論語とは、最高の建築素材で刑務所を造ったようなもの」と評したが本質をついている。論語発祥の地中国では束縛とされ嫌がられたものが、江戸幕府は輸入して最高の道徳と崇めたところが面白い。

家康に話を戻す。その着眼点や将来の予見には先見の明があった。約二百五十年後この浦賀が最適の地としてアメリカの黒船が現れ、続いてアヘン戦争で出遅れた英国、更に蘭国や仏国等々続々押し寄せてきたのはいずれも浦賀周辺である。幕府から長崎に行けと指図されても、嫌だねと幕府に従わない力関係になっていた。家康の強力な後ろ盾を得てアダムスが浦賀港を整備し商船隊や海軍も創設し、長子ジョセフが後継し、代々海軍を養成強化してゆく。そうなればペリー艦隊などは歯牙にもかけず、軽く追い払える防衛力が備わり、それに護られた日本商船隊がアジア交易圏を構築していた可能性は十分にあった。

家康の語りを続ける。

「働きとは無論弓矢ではない。我が国には荒川や利根川の渡し船を大きくしたような船しかないではないか。陸地が見える沿岸のみ昼間に航行し夕闇迫れば湊々に入り込み、半日かけて良からぬ夜遊びをしてカネと時間を費やすばかりじゃ。陸地が見えぬ大洋を夜でも風雨があっても航海できる西洋式帆船とは如何なるものか、中小二隻建造させてみた。和船にはない竜骨と甲板を繋ぐ肋骨のような梁、その上に強固な三本マストを構築し羅針盤を装備して方角を誤らぬガレオン船と申す、帆船を見事に作りおった」

「して、それらの船の試験航海は如何でござった？」

「うむ。小さい方は日本を何周か走らせたが水漏れなどの問題はなく、速力や安定性は和船とは比べものにならなかったぞ。中型船は、難破してアカプルコに行けなくなったイスパニア船の代替船として貸してやった。ルソン造船より、アダムスに監督させた日本造船が出来は遥かに良かった」

「大御所様、按針造船の船は出来すぎであれば、イスパニアは返してくれぬのでは？」

「伊達殿、その通りじゃ。これからは日本を見くびるな、日本はイスパニアと対等と理解させられたら、くれてやっても安いものよ。ルソンから日本までさして遠くないのに、ルソン船は簡単に破船になる。オランダ製のリーフデ号とて無傷で豊後には着けなかった。しかしアダムスはShip Wright Mysterとして船大工の棟梁までしてきた男じゃ。腕前は世界一かも知れぬぞ。長さ二間に余る板材に寸分の狂いなく直線や曲線を引く道具は日本古来の墨壺を見せたら、奴は瞬く間に覚えて寸分の狂いもなく板に製図したぞ。奴が申すには、難しいのは和船にはないハル造り（Hull structure）で、これが帆船では胴回りと一体になっておる、と。余の太鼓腹のようなものじゃな。この高等技術の曲面図を何十枚も精密且つ子細に描いてくれたから、構造が子細に分かった」

「さすがは家康殿の良い仕切りでござった。してその大型船の建造は試作型と同じ、浦賀でござろうか？」

家康はここが肝要と政宗をしかと見つめ、逃がさなかった。

「世界で最も優れたガレオン型帆船の構造を我が国の技術にするべく、造船奉行の向井将監をして三浦按針に張り付かせ、西洋船にある多彩な技術を吸収させた。作事した宮大工の匠たちは釘や金具を使わず、相撲取りが何人掛かって捩じっても外れない精緻なほぞをかませた木組にした。地震の大揺れでも崩れぬ宮大工の技じゃ。太平洋の荒浪にも耐える。釘を使う大工は下手な取付け大工とぬかしたわ」

「左様でござる。鉄釘止めの船など航海中に塩水を浴びてすぐに錆び、そこに大波が当たれば容易に破損することは必定と存じ候」

政宗が話を合わせると、家康は肝心な話に入った。

「貴殿に我が城に参殿願ったのは、伊達藩で太平洋を航行できる最高の大型帆船を建造してもらえぬか、ということじゃ」

政宗は、何の経験もない西洋帆船建造に巻き込もうとする家康をかわそうとした。

「大御所様。我が国にも信長公が作られた鉄板張の巨船、安宅船がござる。按針に頼まずともそれを使えませぬか？」

「政宗殿、あれは図体がでかいばかりで使えぬぞ。波穏やかな琵琶湖にでも浮かべ、力自慢の水夫に櫂を漕がせてそろそろ進む、花見の遊覧船じゃな。太平洋の荒波にあえば全く進めず、くるくる回る独楽になってしまうぞ」

「なるほど。ごもっともでござる」

政宗は手元の扇子を半ば開き、すぐにピタッと音をたてて、話を盛り上げてみた。

「余は向井将監を頭にして大事な図面を持たせた船大工の棟梁とその門弟たちを仙台に送る。アダムスが教えたことは全て習得した者たちじゃ。その最も優れた者は曲面作図も肋材の型紙も書ける故、平匠頭の名を与えたぞ。和船は平面作図で足りるが、西洋帆船はそれでは造れぬ。いずれ平匠頭の嚮導で、構造とその詳しい作図がわかれば、精密な大工仕事は仙台の船大工や宮大工で足りよう。国産の大型帆船を見事建造して、交易が始まりイスパニアの帆船を呼び込めれば、貴殿の領地仙台が東日本随一の交易湊になろう。まずは鉱山技術者を送ってアカプルコで金銀精錬技術の習得と、商人たちには売れるものがあるか調べさせる。その航路は地球の腹回りが最も太いルソンからアカプルコでは距離が長すぎる。地球が小さくすぼまる仙台から北航路をとれば最短距離になるぞ。これも按針の受け売りじゃ。この北航路が定着すれば、百年いや二百年伊達藩は長崎以上に栄えるぞ。仙台が東北の中心として豊になれば、次の蝦夷地開発の策源地にもできよう。アダムスが申しておったが故郷のジリンガムは北緯五一度、日本の蝦夷地四五度より遥か北にある。それでもエゲレスの民は開拓してきた。寒さを怖がってはならぬ。蝦夷地は探検すればわかるが豊かな資源があるはずじゃ。その資源で江戸と仙台ばかりか東日本を豊かにする。これを成し遂げられるのは政宗どの、そなたしかおらぬのだ。やってはもらえぬか」

「殿下の壮大な事業をお聞かせいただき、この政宗有難き幸せと存じ、御意のまま尽くそうと考えており御座候。なれど二つほど確かめたきことがござる。せっかくエゲレス人のアダムスが大御所の腹心に取り立てられ、エゲレスと誼を深められるかと思ったところ、エゲレスの敵のようなイスパニアと誼を深められようとは、如何なるご存念か、この政宗の腑に落ちませぬが……」

「そのことよ。思案のしどころは。カトリックが長崎港を譲り受けて、日本征服の橋頭保にして密かにハポン　コンキスタドール（Japón conquistador 日本征服）とぬかしておるそうな。奴らの悪行は日本を危うくすること、百も承知じゃ。危険千万の者どもは早く退治し追放したい。しかし、それでもイスパニアに頼られねばならぬわけがあるのじゃ」

「大御所様、それは一体何でござろうや？」政宗は思わず身を乗り出した。

「それは、これから話そう。アダムスとリーフデ号に同乗してきたヤン・ヨーステンに何度も吟味してよくわかったのじゃ。エゲレスは百年もフランスと戦ってきて国土は疲弊して貧しくなった。しかしリーフデ号を建造し東洋探索に乗り出した蘭国は英国より遥かに小さな国じゃが、何故蘭国は日本に来る財力があったのか、政宗どのは如何に思われるか？」

「それがしは東日本の奥地の奥州住まいにて、同じ〝おうしゅう〟と申してみても欧州どころか、この日本のことも確とは分かっておりませぬ。ぜひ、お教え下され」

政宗は時に下手な冗談を言って笑わせ、相手の警戒心を和らげる術を知っていた。表裏比興なところは、秀忠軍を手玉に取ってさんざんてこずらせた真田昌幸に似ておるかもしれぬと家康は警戒したが、勿論顔には出さない狸の一面があった。

「大事なことは小国オランダが経済力をつけた交易じゃ。エゲレスには十人もおらぬ大交易商人がオランダには少なくとも百人を超えるそうな。余は、日本も農業国家から交易国家にならねばとアダムスとヨーステンから学んだのよ。商売の次は技術じゃ。アダムス達に何度も確かめたが、エゲレスやオランダからではどうしても手に入らぬ技と薬がある。イスパニアは新大陸を植民地にして金や銀を略奪するしか能がない盗人国と思っていたが、一つだけ世界一の技術がある。どうやらイスラムと申す国との交易から得たようじゃ。交易は技術も学べるぞ」

政宗はその技術とは何か、知りたい本能を抑えられなかった。

「殿下、それは大事な技術でござりますな。それは、一体何の……」

「政宗どの。これは秘中の秘であるから、これを話したからには、余と一心同体になって事業してくれるな……」

「殿下、ここに至ってはこの政宗も腹をくくりましてござる」

「それはな、銀の純度を飛躍的に高め、不出来も作らぬ、アマルガム（Amalgam refinement）という水銀を使う精錬技術じゃ。これは金にも銀にも使える。我が国ではアマルガムを知らぬ故、手間暇かけても細々とした豆粒のような金しか精錬できぬ。左様な金粒を交易決済用に見せたら、世界の貿易商人共に笑われようぞ。西国大名は銅を中国や南蛮国に売っておるが、彼ら西洋の商売人はアマルガム製法を知らぬ日本から安価な銅を買い、簡単に溶ける銅の中に混ざっている金・銀を抽出しておるそうな。大きな交易は物々交換では出来ぬ。重さ五貫の金の延べ棒を山と積み、精悍な武士軍団も傍らに控えさせ、日本の経済力と軍事力を知らしめれば良い。アマルガム技術を身に付け水銀を輸入できれば、もはやイスパニアは用済みにして捨てられる。イスパニアはインカ帝国などから世界一といわれる銀山を見つけ出し、現地人を奴隷にして一人一日三百貫も掘らせた。その鉱石を砂粒より細かく砕いて溶かし、アマルガムで精錬した金銀を積み出し、イスパニア国の財力を世界一にした。イスパニアは危険な国じゃな。イエズス会宣教師の親玉フランシスコ・ザビエルは本国のカトリック大司教シモン・ロドリーゲス神父に石見と生野に世界一の銀が眠っていると報告したぞ。インカ帝国やアステカの銀山から銀鉱石を取り尽くし禿山にしたあとは、日本の銀山を狙って大軍を送ってくるぞ。既に日本各地の銀山を記した日本の地図が出回っている」

「イスパニアが石見銀山と生野銀山を狙っておるとは……　日本にはまだ隠されている銀山も数多あり、それら埋蔵量は底知れぬと吹聴し、秀吉公の金庫に眠っている金塊のことも報告しているやも……」

「さもありなん。一つだけ安心できるのはアダムスから聞き出したイスパニアの海軍力じゃ。アルマダ海戦でエゲレスに破れ、数十隻もの戦艦を失い、未だ再建できていない由。イスパニアがエゲレス占領を企んだ時は七〇隻の戦艦と六〇隻の兵員輸送船や補給船を引き連れた。日本征服となれば、その準備に十年以上かかろう」

「日本は時を稼げるのでござりますな」

「政宗殿。その通りじゃ。石見や生野の銀を西国大名共は火縄銃の代金にして、ポルトガル商人共にぼろ儲けさせてしまった。それを知っている信長公は、ポルトガル商人と宣教師共を殺してやりたいほど憎んでいても顔には出さないどころか、立派なカトリック教会に加えてセミナリヨ（修道院）まで普請してやり、死ぬまで縁を切らなかったぞ。おかげで火縄銃は見事に国産化出来たが、肝心な火薬の硝石と鉛玉は日本にはないことを知ったポルトガル商人どもが独占し、自由な取引はさせなかったわ。良い火薬と鉛玉が無くては火縄銃を一万挺備えたところで、玉がへなちょこでは強風に煽られたらどこへ飛んで行くやら。刀鍛冶が鍛え上げた甲冑にも跳ね返されるだけであろう。鉛の玉がなくては、たまに打つ玉がないのが玉に傷、になってしまうぞ、政宗殿」

政宗は家康の下手な冗談に付き合い、追従笑いして見せた。

「話を戻すが大事なことは、大国との交易じゃ。儲けることはさておいても、先進技術を学ばなくてはならぬのじゃ。虎列刺の病に冒されないよう港を閉じて鎖国し、家に閉じこもり四書五経ばかり一生賭けて丸暗記し講釈したところで、国を普請する大事な土木や工業技術も医学知識も薬学知識も得られず、世界から遅れてゆくばかり。朝鮮商人どもにも金を巻き上げられておるのは歯痒いばかりじゃ。一握り百両と吹っ掛ける朝鮮人参の薬効分析も国産化も百年かかってもできぬ」

「大御所様。懇切に秘密の話も明かして頂き、この政宗も一つ目は得心致しましてござる。されども う一つ懸念するところは、申すに憚られることにござるが、西洋帆船の建造や欧州との往復など十年もの時間が掛かり候。万一、次の将軍様とその側近からイスパニアに特使を派遣したことを国禁破りの重罪也と沙汰されては、この政宗腹を召さねばならなくなり候」

真顔の政宗に、家康は笑って
「政宗殿。それは至極尤もな心配事になろうな。しかし些かも案ずるには及ばぬ。この家康が安堵状の書付をそなたに授けるぞ、花押も朱印も確と付けてな。この家康の命で大事を成した政宗に、秀忠や家光は加増をすべし、まして処罰など言語道断で絶対に許さぬ、とな」

「それはありがたき幸せ。この政宗と倅や家臣共も安堵致すことでござりましょう」

家康は、弾丸の殺傷力とは比重の重さと速度で決まることを戦場で体感していた。鉄玉より二倍近く重く、強風にも流されず敵を打ち倒せる鉛玉を大量に産出するのは、シァムのソントー鉱山である（注④）ことを、買い付け商人になりきった密偵がイスパニア商人と懇ろになり、情報を得ていた。

信長や秀吉も海外情報に鋭敏であったが、家康は情報源の広さで遥かに二人を凌いでいた。

イエズス会士たちは、家康が遥か彼方のシャムに鉱山探索隊を派遣するとは夢にも思わなかった。

家康は大阪夏の陣に勝利し、もはや背後に敵対勢力がないことを確認すると、アダムスにソントー鉱山探索の特命を与えるのであるが、そのことは第六章で詳述したい。

余談になるが、先年のイラク戦争で、イラク陸軍の戦車を簡単に次々撃破していったのは比重が鉛の二倍ある、劣化ウラン弾である。しかし、劣化ウランは白血病やがんなどの致命的な健康被害をもたらしたことから禁止された。二〇二二年ウクライナに侵攻したロシア軍は、タングステン弾に替えたとしていた。しかし英国情報機関は、ロシア軍が劣化ウラン弾を密かに使っていることを突き止め、対抗上劣化ウラン弾をウクライナに供与すると声明したが、欧米から反論はない。

政宗もここまで家康に口説かれては受ける他なかった。腹を決めると、その事業費を見積もるため、西洋式大型帆船の寸法を確かめることにした。

「大御所さま、畏まって候。率直に申して我が伊達藩には手に余る大事業と心得るが、大御所様のたっての申し付けにござればもはや否応なしにござる。しからば巨船の寸法をお教え願いたく候」

「按針におよその外寸見積もりをさせたが、太平洋を横断するには船を大きくして、二間を越える大波を切り、海賊にも備えて大砲も両舷にそれぞれ二十門ほど搭載すると水夫は百名以上必要になる。それに使節団百名を加えたひと月あまりの水・食料や交易品を積むには、横幅六間、長さ十八間、高さ十五間にして甲板の下五層は必要と申しておった」

政宗は驚愕しつつ所要量を素早く暗算した。

「なんと。それは思いもよらぬ巨船でござる。ざっと見積もっても、七千石に余る良材、すなわち径四尺超えの百年ものの巨木が千本余りも必要になりますぞ。我が伊達藩が育ててきた樫の大木を根こそぎ使っても足りるかどうか。しかも切り倒せば直ぐに製材は出来るものではござらぬ。できれば二年、少なくも一年以上寝かせて、東北の寒風や湿気のない日光にあてて、生木から水分を除かないと、取り付けてから捩じれやひび割れが生じて使い物になりませぬ。それに……」

そのあとを言わせると実行不可能という話で終わってしまう。家康は手に取った扇子を軽く振って、そうではないぞとやんわり話を変え政宗の緊張を解き、懐柔にかかった。

「余は長命の助けになる薬草や杜仲の木も知っておるぞ。それを薬研で引いて粉末にして飲んで居るから長命なのじゃ。これは朝鮮人参より良く効き、不老不死の薬のようなものだが、そなたにも進ぜよう。余は、木には詳しいのじゃ。樫の木は四百年も五百年も生きる。樹齢百年とは老木に非ず。力が漲った青年の樹じゃ。西洋帆船の木材は樫の木が中心とはいえ、樫に限らずとも良いのだ、政宗殿。ブナも楢もクヌギも樫の木の仲間じゃ。日本最大の白神山地がある秋田藩や岩手藩、それでも足りなければ最上藩にも供出を命ずるから、それらを広く集めれば百年超えの良材千本は十分集まる。船の構造に関わらない内装材は松が良いぞ。軟かいから工作しやすい上に腐りにくい。樫材と松材は使う場所が違う。適材を適所に用いるのが肝要じゃ。柔らかい松なら船が大揺れして水夫が頭をぶつけても大事には至らぬ。樫類の大木を切り取ったあとは、むろん植林が必要じゃ。それは童共を集めて山に送り団栗を拾い集めさせ、苗木にして再生させれば良いではないか、二十ケ一文くらいの褒美をやってな。団栗などは、山に行けば山ほどあるぞ。団栗から芽を出させるすべは樵や山林地主が良く知っておろう」

家康の下手なしゃれに政宗も笑って見せ、話を具体的な費用見積もりに替えることにした。

「良材の大量買い付けで材木価格が高騰せぬように、木材一石一両と公定の値決めをしてもざっと七千両は必要になりましょう。それに羅針盤や強靭な三枚重ねの帆布、大砲、滑車など高価な艤装品もイスパニア商人から購入せねばなりませぬ」

政宗がその気になってきたのを知った家康はここぞとばかりに畳みかけた。

「さすがは政宗殿、良く気が付かれた。船体は自前で完成させても、問題は帆布じゃ。按針も申しておったが、軽くて強い帆布は日本にはないと。頑丈なもので良ければ百姓一揆の筵旗がある故、これを極太の畳針で縫い合わせて大きくしてはどうかと、按針に教えたら笑われた。筵は確かに強靭なれど、大雨を吸ったらとてつもなく重くなる。帆柱はその重みを支えきれず折れてしまう。そうならぬよう、雲行きが怪しくなってきたら、水夫に素早く帆柱に登らせても、筵旗は重すぎて難渋する。甲板に降ろす前に船は嵐に巻き込まれて沈没してしまうとな」

「大御所様、帆布のような布切れひとつをみても、我が国のものは世界に通用しないことが良く分かり申した。自前でまかなう用具を考えますと、堅牢な巨木を伐採できるよう焼き入れした切れ味抜群の特注鋸もざっと二千本、船大工の鑿や鉋の工具代に、延べ数千人の手間賃を手当すれば、建造費総額は四万両で済むかどうか」

「政宗殿が費えを懸念されるのは尤もじゃ。それはひとまず置いて、肝要なことは堅い樫の大木を欧州の樵や船大工はどうやって縦切りして構造材や板材に加工しているか、船大工の棟梁だった按針に尋ねたぞ」

「大御所様、そこまで思慮なさるとは、恐れ入り奉ります。して按針の答えは？」

「面白いことを申しておったぞ。堅い木を切断するには引き切りでなく、押し切りすれば楽に切れ大工仕事は早く、疲れも少ない、と。但し、細かい精密加工には引き切りが優れておるとな。江戸の指物細工職人の毛ほども狂いがない引き切りの技を見せてやったら、按針も驚いていたぞ。日本の大工も縦挽して板材を作るが、作業が楽な柔らかい杉を好んで使う。しかし杉板では太平洋の荒浪をくらったら、ひと波で割れてしまうわ。帆船用の樫材から板を作るのは難儀じゃが、押し切り用鋸を用意できれば大丈夫じゃ」

「然らば、押し切り専用鋸も家康様にご手配頂けますか？」

「うむ、余に任せておけ。早速按針に図面を書かせる。その鋸の使い方は平匠頭に逐一指導させよう」

ここで江戸時代の金銭価値を書いておきたい。金一両はほぼ米一石に相当した。インフレとデフレでかなりの変動があったが、先述したように、一両は二十万円と仮定すると十両以上盗んだ者は重罪人で打ち首という法度は、九両までの盗みなら島流しか鞭打ちで済ませるということであり、さほど過酷な刑罰ではないかも知れない。

庶民の日常的な通貨は銅銭であるが、金一両と銅銭の交換比率から検証してみたい。両替手数料は別にして、金一両は銅銭で四千文也と家康の経済官僚は一六〇九年（慶長十四年）に「御定相場」で両替率を公定した（注⑤）。此の年は後述のように蘭国が長崎で貿易を始める年になり、幕府も通貨を安定させる為、公定相場を決めたのである。

よって金一両（二十万円）を小銭に両替した一文の価値は、五十円になる。庶民的な慣習として、子供に使いをさせて駄賃だと一文与えることは、子供も喜ぶだけの価値があった。人として生まれた以上、三途の川を渡る運命が江戸時代前から僧侶の法話で教え込まれてきたが、その渡し賃は六文との言い伝えは、貧民であっても肌身に六文付ければ三途の川を渡らせてもらえて成仏し、極楽に往けると納得できる負担額であったろう。

他方、江戸の建設ラッシュで肉体労働に腹をすかせた職人たちは八つ時（午後三時）まで待ちきれず昼食が始まり、一日三食が定着したとされる。午後の活力にする掛け蕎麦は、江戸時代を通じて一杯十六文とした料金表が古文書に残っている。インフレになれば料金は変えずに、蕎麦の量を減らして対応した。量が少ないぞと不服を言う客にはもう一杯注文すれば良いではないか、と応じた。大工、屋根葺、左官、鳶職などの江戸の建設職人達は、腕次第で高級取もいるが、見習いでも手間賃として一日二百文（二万円）ほど稼げた。昼食が十六文即ち八百円は、ほぼ妥当な料金と言えよう。一両二十万円説は辻褄が合うことになる。

按針は日本橋の江戸屋敷から按針丁（通り）（写真）を歩き、桜田門から江戸城に登城したが、途中に蕎麦の屋台をよく見かけた。日本の即席料理はよく出来ていると感心していた。蕎麦は熱い醤油汁の中にあるから、冬の寒い日でも体が温まる。ジリンガムの船の修理場で昼休みによく食べたのは、酢漬けの鰊をはさんだ堅いパン（Bread of the pickled herring）だった。それは五ペンスほどで十六文より安い時もあったが、冬の寒さに震えながら食べるのでは味もわからないまま空きっ腹に押し込むだけの惨めな昼食だった。酢漬け鰊のパンに食べ飽きると八ペンスと少し高級なオリーブ漬鰯（Bread of the Oil Sardine）パンも食べた。勿論、ジリンガム界隈だけが酢漬け鰊やオリーブ漬鰯を食べていたわけではない。ドーバー海峡沿いのフランスもバルト海につながるプロイセン、さらに北海を北上してノルウェーも勤労者の昼食は鰊の酢漬けを挟んだパンが一般的であった。しかし熱い汁がある日本の蕎麦がはるかに良いのではないか、とアダムスは回想した。

大型帆船の話に戻る。その建造費四万両は現在の約八十億円に相当した。このほか日本では制作出来ない羅針盤に大型の滑車、大砲や弾なども高価な舶来品である。アカプルコ派遣船は形式上商船になるが、不時遭遇する海賊船との砲撃戦を想定し武装しなくてはならなかった。

海賊船はあらゆる手段を用い、隙を見つけて攻撃してくる。難破船を装い助けてくれと近寄ってき

今に残る按針通り

たり、油断させるため、イケメン水夫にロングスカートで女装させてこっちにきて遊んでよと手招きするのも少なくなかった。ハニートラップの元祖と言えるかもしれない。海賊船を打ち払う大砲に加え、近距離戦用のマスケット銃や短銃も多く買いそろえた。更に着港するアカプルコの総督始め、イスパニア国王夫妻やバチカンの教皇への貢ぎ物、往復する船員や特使たちの食料などを総計すると軽く百億円超えになる。大藩ではあるが、金山や商業などによる利益の蓄積は少なく、倹約ばかりの米経済で成り立っている東北の藩にはかなりの大事業になった。

家康と政宗の苦心の談判を続ける。

「費えについては、幕府からも応分の手当をするが、先ほど貴殿に話した江戸の総普請は、一千万両は下るまい。それには全国の大名に応分に手伝い普請させるが、伊達殿は免除するぞ。同じカネを払うなら遠くの江戸城や五街道工事より、仙台港を栄えさせる西洋帆船造りが政宗殿には生きたカネになると思うぞ。この西洋帆船建造は余の目が黒いうちに何としてもやらねばならぬのだ、政宗殿。見事太平洋横断できれば第二船は岩手藩や南部藩にも作事させよう。遅れてきた東北が一気に西南雄藩を凌ぐのだ。

一六〇五年、豊臣秀頼を尻目に新将軍になった秀忠は全国をどうやって統治し、海外との交易をどうするか迷っていることは家康も政宗も良く察知していた。

「秀忠が側近の意見を容れて外航型西洋帆船を禁止する前に、国産の大型帆船で交易させ、日本に多額の富をもたらすことを秀忠に納得させ、鎖国の考えを改めさせたい。次は、欧州航路船の補給と修理の拠点構築、そして最終目標は英国になるが、その実行案を練り上げる三浦按針のことは秘密じゃ。これが漏れたら秀忠の配下に言いがかりをつけられ、按針は冤罪を着せられ失脚、島流しにされ二度と江戸には戻れなくなろう」

かくて三浦按針はイエズス会やフランシスコ会宣教師達が建造の進み具合を注視している仙台には送られず、家康の隠し玉のように、手元に温存され、東南アジア交易圏に必要な船団や航海士と食料に費用算定など実行案を練り上げていた。家康も初の国産大型帆船の建造進捗状況には多大な関心があったが、仙台にはあえて視察せず、派手好みの政宗が、〝伊達や酔狂でやっている〟のだ、放っておけと素知らぬ顔を続け、秀忠側近たちに無用の刺激はしなかった。

エリザベス女王後継のジェームズ一世に先んじて、蘭国商館長が平戸に入港

この一六〇九年（慶長十四年）は多忙な年になった。長崎近くの平戸にオランダ船二隻が入港した。長崎港は入江が長く続き外洋の荒浪から大事な船を守れるが、海賊船と誤認され入江の両岸から砲撃されるとひとたまりもなく撃沈されてしまう。他方平戸は外洋に面している上に陸上砲台もなかった。いざとなれば逃げ足早く遁走できることから平戸は安心であった。

ヤックス・スペックス（Jacques Specx）は、バタヴィア（Batavia、現在のジャカルタ）から平戸オランダ商館長として来日した。バタヴィアはオランダが東インド地域を統括する本拠地にするため、防衛用の城壁で囲み、ポルトガルの本拠地澳門を遥かに凌ぐ大規模な城塞都市として建築が始まっていた。オランダ東インド会社がアダムスやヤン・ヨーステンを日本に送り込んだ一六〇〇年からバタヴィア要塞工事は本格化し、完成するまで十年を要するのであるが、要塞とその周囲の傭兵地区、商人地区、傭兵や船員の慰安地区などの完成予想図を見てきたスペックスの眼には、平戸はあまりに小さく貧相であった。しかし、家康に平戸を指定されては否応なしであった。ヤン・ヨーステンから事前に根回しされていた請願を家康が承認し、平戸に東インド会社オランダ商館開設許可の朱印状が下された。家康は本命となるエリザベス女王の商船隊を首を長くして待っていたが、待てど暮らせど

日本に来航しなかった。家康はイギリスとの交易を半ばあきらめ、替わってオランダとの交易を決意させた。

オランダ東インド会社の設立は英国に二年遅れたが、日本やバタヴィアに近いボルネオやマカッサルなどのアジア各地進出も着々と進め、東シナ海に接している平戸にネットワークを繋げ、対日貿易と対明国貿易の根拠地とする。

商館長スペックスによる商圏つくりは巧であった。平戸ではバックヤードもなく、商圏拡大は見込めないとして当時日本最大の商都堺にマーケティング要員を送り込んだ。その要員がビジネス以外に得た情報が一六一四年（慶長十九年）の大阪冬の陣である。大阪城の総堀りが埋め立てられ淀君と秀頼の命運は尽き、家康が日本の皇帝になる予想をいち早くバタヴィア経由オランダ国王に報告した。

他方、アダムスは苦心の末に家康の懐刀に取り入れられても、英国女王の国書の次のステップに進むために肝心な商船隊の来航がなく、対英貿易は進まず焦燥感に悩まされていた。

ジェームズ一世は出身地スコットランドに加えイングランドとアイルランド統治を固めるのに時間をとられ日本派遣船団は遅れていた。このことは、アダムスにも転機となった。オランダ商船の出現による事態の急変に驚かされたアダムスの思考は、オランダ商館の手助けをしてオランダの信用を得ないと英国と交信ができず、オランダに日本の市場を取られてしまうと嫌でも認識した。

ヤン・ヨーステンは家康の信頼は薄いが、アダムスなら確実に家康への斡旋ができる。アダムスはヤン・ヨーステン支援に動き、日蘭交易の朱印状が得られたことは蘭国東アジア会社に高く評価され、アダムスへの恩賞として英国への交信は妨害せず、母国に転送することが許された。

英国交易船団の来航をひたすら追い求めてアダムスが送達した何通もの直筆状がついにジリンガムに届き、歴史的史料として現存している。そのアダムスの手紙の宛先は妻メアリーあてに加え、妻がジリンガムから転居した場合も考え、アダムスがShip Wrightだった頃の親方宛、ジリンガム市長宛、果ては急逝したエリザベス女王宛の直訴のような涙ぐましい手紙もあった。

アダムスからの手紙を受け取ったジェームズ一世は日本の情勢を知り愕然とした。先帝エリザベス一世の遺志の実現なしには、アジアの利権はオランダに独占されるという危機感を覚えた。ジェームズ一世は喫緊の課題として日本に使節団を送り、先行しているアダムスと緊密に連携し通商許可を得る為、国書や代表団の人選に船団編成を命じた。アダムスと家康が待ち焦がれていた英国商船が平戸についに姿を見せるのは、次章で詳述したい。

日本初の国産の大帆船、仙台で起工

蘭国スペックス商館長が平戸に着いた一六〇九年（慶長十四年）、伊達政宗は大型帆船建造に取り掛かった。急ぐのは、曲がりや捻じれのない素性の良い樫の大木の伐採と、船渠（ドック、Dock）

タンプルホームとハルラインの構造　wikipediaより

の構築である。和船であれば船の底板貼りは、船渠を用いなくても川べりで造れるが、大型帆船は頑丈な船底づくりと梁と一体化するハル（hull、船殻）が重要になる（注　写真）とは、江戸で家康が太鼓腹に例えて教えてくれたことであった。仙台牡鹿郡月の浦港に流れ込む川を堰き止め、川底を深く掘り下げ、他方海水が入り込まないよう船渠扉を海面側に付けると、干潮を待って川水を抜き、川底を固めた。そこに船底を造るため盤木が五十本ほど設置された。これも幅一尺の樫の堅材である。

伊達政宗は仙台で最も格式ある神社の神主を呼び、大型帆船起工式を厳かに執り行った。大工事の無事を神に祈願するのである。仙台藩主伊達政宗に続き、幕府代表格向井将監やイスパニアの艤装責任者に船匠代表平匠頭がお祓いを受けた。現場には工匠八百人、鍛冶六百人の代表が末席に神妙な面持ちで控えていた。

政宗の脳裏には、政宗が秀吉の小田原攻めを見極めようとして、小田原到着が最後になったことを秀吉は許さず、もはやこれまでかと切腹覚悟の白装束で秀吉の下に現れた政宗の首に秀吉の刀の切っ先が当てられた時、取りなしてくれたのは家康であった。小田原遅参の理由は、北条が秀吉に滅ぼされたら、東日本も秀吉に支配され、次は仙台も秀吉の大軍に攻め込まれると懸念した故であった。しかし、家康は助命してくれた上に仙台や奥州の交易も考えてくれている。その恩に報い、政宗は伊達藩の総力を懸けて国産の大型帆船を造って見せようと本腰をいれた。

フィリピン総督ロドリゴを御宿村民が救助

その頃、房総沖で大きな海難事故が発生した。イスパニア領ルソンからアカプルコに北回り航路で航行中の帆船サン・フランシスコ号が時化に遇い、大多喜藩岩和田（現在の千葉県御宿）に破船となって漂着した。外国奉行から報告を受けた家康はイスパニアに恩を売り、アマルガム技術を得る絶好の機会と捉え、イスパニアに最大の援助を命じた。

家康から直々の命を受けた大多喜藩主本多忠朝は直ちに村民総出で救助と介抱に取り掛かり、三百七十三名ものイスパニア人とアカプルコ人を救命した。冷たい海にさらされ低体温になり、命の危機が迫っていた何名もの船員を救ったのは、日本の若い海女たちであった。

　凍えきった体を焚火などで急激に熱くして助けようとすると心臓などに大きなヒートショックがかかり、死なせてしまうことが多い事から、素肌で抱いて徐々に温めてやるのが最良の蘇生術とされていた。それは冬の海で漁撈する漁師たちに古くから伝わる合理的な救命方法と知ってはいても、我が夫や子でなければ容易にできることではない。

　余談になるがこの蘇生術は、遥か後年の太平洋戦争中で海軍パイロットの命を救ったと書き記したのは、城山三郎氏の名著「忘れ得ぬ翼」である。海軍飛行士の命の恩人である海女さんはその飛行士により初めての東京見物に招かれ歓待されたと書かれた。救命されたのは、水夫や飛行士ばかりではない。厳冬の八甲田山で、冬の日露戦争を想定し大雪が降りしきる中、行軍を強行させ半ば凍死状態になった陸軍兵士たち何人もの命を救ったことを語り継いだのは、新田次郎氏の名著「八甲田山死の彷徨」であった。

　聖母マリアに抱かれたかのようにカトリックの水夫達を夢心地にさせたのは、何人もの海女たちの体温で温められたからであろう。この時の海女たちは真に聖母であった。暖かい食べ物を惜しみなくイスパニア人に与えている、その歴史的救助の絵が御宿町に郷土歴史史料として保存されている（注⑥）。

　時代は遥か後世の一九七八年、ホセ・ロペス・ポルティーリョメキシコ大統領が日本に表敬訪問し御宿の海難現場や記念碑に立ち寄り、感謝の意を表し、日・墨・西の友好を深めている。報恩感謝の心を忘れなかったスペインとメキシコとの交流はなお続いた。二〇〇九年（平成二十一年）六月、イスパニア・メキシコ船員救難四百年記念事業として、徳仁親王（当時）を始めスペインとメキシコ両駐日大使に森田健作知事（当時）も参列し、式典がクライマックスを迎える頃メキシコ海軍の帆船がマストを頂点に、艦首と艦尾の両方向に百を超える信号旗をなびかせる、満艦飾の礼式を見せて御宿に入港し御宿町民や千葉県民を喝采させた。御宿の海の向こうにはメキシコがあることを再確認し、国際親善を深めた。

その難破船に話は戻る。フィリピン臨時総督ドン・ロドリゴがアカプルコに向かう船団司令官であった。ドンは、イスパニア貴族か高位の聖職者に与えられる尊称であるが、イスパニア船救難の御礼を述べに徳川家康の居城に向かった。道中でみた整然とした日本の町並みや神社仏閣などを「ドン・ロドリゴ日本見聞録」として上梓し、欧州人に当時の日本の状況を知らしめた。ちなみにその史料では、一民族の王の長子が王位を継承していく万世一系なる純粋な王位継承は欧州にはなかったが、日本の皇統は数百年を超え同じ天皇家の血統を受け継いでいると英訳（single line of Emperors from time immemorial）され、日本独特の天皇家の歴史は、欧州の主要な王国に勝るとも劣らないと好意的に紹介された。

家康本拠地の駿府城にロドリゴが登城すると、イスパニアに対する最恵国待遇、さらにイエズス会に加えて、イスパニア人が主導権を握るフランシスコ会東日本教会設置や新たに江戸での布教も許した。

交換条件のようにアマルガム精錬技術の開示の要請には、四百人近くの部下の命を助けられたロドリゴは無下に断れず精錬技術を監督するアカプルコ総督に、フィリピン総督から正式に要請すると答えた。家康はダメ押しのように、アダムスに帆船を新造させ、翌年にドン・ロドリゴ臨時総督一行をアカプルコに送り出した。アカプルコとの交易に加えてアマルガム精錬技術の開示に大きな期待をかけて日本人精錬技術者を送り込む、遣欧使節派遣船の建造を督促するため向井将監以下を進捗監査に送り出した。

他方、国元に帰った政宗は巨大帆船建造の膨大な出費を補う一助として、臨時税収策を幾つかひねり出していた。その一つが大地主や豪商に対し武士の株を売り出すことであった。豪農は五十両（一千万円）で名字帯刀を、二百五十両（五千万円）で下級武士に、五〇〇両（一億円）で上級武士に身上がりが許され、金あげ侍（注⑦）と呼ばれた。士農工商の身分による階級社会は絶対であると刷り込まれてきた時代に例外が認められ、家の価値、家格を飾り立てる見栄に一億円を払った豪農や豪商がいたことは、少数とはいえかなりの富を持つ豪農や豪商が育ち始めた証左になる。

江戸時代は、二代目将軍以降になると格式が細かく定められてゆく。士農工商の身分制度による階級社会で、それぞれどの階級に属すか問わなくても一見してわかるように可視化し、丁髷や衣服や履物などで細かく規制し差別していく。これも内向きにしか関心を持たなくさせた鎖国の弊害の一つになる。

英国も階級社会であるが、違うところは身分制度と所得階層が重なる。貴族（Nobility）の下に騎士（Knigt）その次に郷神（地主 Gentry）平民と最下層の貧民の階級と所得はほぼ比例している。しかしアダムスは、日本では第一階層でも貧乏侍がいて、第二階層には少数とはいえ金持ち農民、さらに第三階層の大商人の所得は第一階層と逆転している場合があることを知り、不思議なことだと感じていた。母国英国には貧乏な騎士などは見たことがなく、英国の階級社会は堅固であった。

伊達政宗が始めた侍株の売り出しは、公にはされなかったが、財政難に苦慮する諸藩も背に腹は代えられず、侍株の特売は全国に静かに波及してゆく。階級社会の元締めをする幕府ですら、幕末には多くの金あげ侍を誕生させた。有名なところでは勝海舟、榎本武揚、坂本龍馬などであるが、徳川官僚が制度設計した士農工商の階級社会はカネ経済の社会に変化し始めていた。お侍様と威張らせてはいるが、そんなものはカネで買えるぜ、階級社会などカネ社会に替わるぜ、という資本主義の萌芽が始まっていた。

◎第五章　注釈

注①「ウィリアム・アダムス　家康に愛された男　三浦按針」フレデリック・クレインス著　P282

注②「玉川大学資料　三浦按針の日本人妻」森　良和著（二〇一六年五月一日）

注③「テムズとともに　英国の二年間」徳仁親王著　P37

注④「戦国日本の軍事革命」藤田達生著　P42

注⑤「『お金』で読む日本史」本郷和人著P156

注⑥「サンフランシスコ号四百年企画書」千葉県御宿町作成

注⑦「江戸の御勘定」大石学監修　P156

第六章　家康の通商政策とエリザベス女王後継ジェームズ一世の国書奉呈

日本から欧州への最初の使節派遣は、関ヶ原合戦に八年遡る一五八二年であった。大友・大村・有馬の西国キリシタン大名連合が費用を分担し、送り出した。この使節団の構成はキリシタン三大名名代の四名の少年を中心に神父や通訳に加え、名目上は従者にした技術者を含め二十名となった。段取りしたのはイエズス会幹部のアレッサンドロ・ヴァリニャーノである。表向きはカトリック信仰に篤い少年たちの教皇表敬訪問とされた。大きな費用をかけて行く以上、表敬訪問に留まらず別の調査もあった。バチカン教皇庁の規模・外交関係・経済力・軍事力、日本にない技術等々の調査も任務としていた。

使節団少年代表者千々岩ミゲルは、つつがなくバチカンの教皇表敬を終えると、仲間たちとローマ市内見物に出かけた。当時から繁華街の一角になっていたローマ広場で、半裸にされた日本人らしい少女が奴隷として展示台の上で競売されているところを見てしまった。

ローマ市内の大広場に公然と奴隷市場が設置され競売されていたことは不思議ではない。そもそもローマ帝国を支えたのは兵士・農園労働者・下級官吏・宮殿料理人やメイド等々に男女の奴隷の汗と涙の貢献があった。〝ローマ（帝国）は一日で成らず（Rome was not built in a day.）〟は世界史上の有名な格言であるが、ローマは奴隷の支えがなかったら一日も続かなかったであろう。ローマに送られた日本人奴隷の出どころは戦争捕虜や誘拐や人身売買であったが、それは歴史上戦争や紛争などで何度も行われてきた。

英仏蘭西などに分割入植されたアメリカが、植民地から大発展できたのも黒人奴隷の汗と涙の強制労働に依拠していた。初代大統領ジョージ・ワシントンは六百人もの奴隷を所有し、以降十八人の大統領が約百年も所有し搾取をしていた。それは二〇二二年の現在に至っても、侵略者ロシアのウクライナ侵攻によりウクライナ人が少なからず人身売買されているとは、ゼレンスキー大統領による戦争犯罪告発の一つにされている。

戦争捕虜は奴隷にしてよいと正当化したのは旧約聖書によるとの説がある。絶対神ヤハウェ（言語の違いからエホバとも発音される）はヘシュボン王国を滅ぼし戦争捕虜は奴隷か皆殺しにせよとモーゼに命じた（注①）ことが、旧約聖書を信ずる中世以降のキリスト教徒に、戦争捕虜は奴隷にして良いとの理屈を与えた。

一五九〇年に帰国した天正遣欧使節団は、豊臣秀吉に呼びつけられそのことも正直に報告した。秀吉は、イエズス会が行っている奴隷貿易を現地で再確認したことになる。

秀吉は日本人保護を理由に奴隷売買禁止令を下していた。即ち、天正十五年（一五八七年）六月十八日付覚で

大唐、南蛮、高麗江日本仁を売遣侯事曲事、付、日本ニおゐて人の売買停止の事

に続き、翌十九日には念を押すかのように吉利支丹伴天連追放令を二回にわたりコエリョ神父他に命令したことは、秀吉の強い意志に基づく大英断であった。伴天連とはポルトガル語で「神父」の意味の padre に由来するとされている。イエズス会は、その活動資金源となっていた奴隷売買を禁止された上に、バテレン追放令まで発布されてしまった。日本国民保護を大命題とする禁止令は、西国有力大名達とイスパニア・ポルトガルのカトリック大国の貿易を遮断し、キリシタン大名達の財力を減らし戦力を弱めるだけではなかった。イエズス会の本拠地であった長崎カトリック教会の天主堂を破却し布教の拠点を無くさせ、寄進された長崎港を取り戻すためであった。

西国のキリシタン大名と親密になり布教に成功したイエズス会はポルトガル人が多かったが、それに連なって台頭してきたイスパニア系のフランシスコ会も利幅の大きい奴隷貿易を活動資金にしており、取止めるはずがなかった。

神父たちは、秀吉に抗弁した。イエズス会やフランシスコ会が拉致しているのではない。日本人が奴隷を集めてきて売って儲けているのだ。売る方が悪いと開き直り、宣教師とその手下は奴隷売買を続けていると聞かされた秀吉は激怒し、遂にキリシタン二六聖人の殉教、即ち処刑命令を下す。慶長元年十二月（一五九七年）カトリック信者の本拠地のような長崎で処刑された内訳は二十一名がフランシスコ会で、イエズス会士は僅かに五名であった。この時秀吉はポルトガルにはまだ寛容さを見せていた。

後継の徳川家康は老練な為政者であった。豊臣秀吉の「伴天連追放令」を解釈し直しイスパニア商人を保護してゆく。ポルトガルやイスパニアの神父は国外追放されたが、政教分離し布教や奴隷売買はしないと誓約したイスパニア商人には暫時日本滞在を許可していた。家康は貿易による国家利益を重視し、これ以降一度も鎖国の本格的な実行はせず最後まで開国主義者であった。家康が鎖国を始めたとするのは、鎖国により二百六十年も近代国家を遅らせた責任を幕府創始者に転化するものであろう。

アカプルコ（メキシコ）は既にイスパニアの植民地になっており、自由貿易を許す権限は本国にあった。イスパニア国王に植民地アカプルコとの交易許可の勅許を求めなくてはならない。その仲介をフランシスコ会大司祭に頼み、新造大帆船を交易用巡航船としてアカプルコに派遣する。

サンファン・バウティスタ号竣工し、出航へ

家康と伊達政宗の密議から丸三年が経過した。家康の特命を受けて派遣された向井将監以下西洋帆船御用大工集団と船匠嚮導役平匠頭が技術監督し、伊達藩が総力を上げて建造していた巨大帆船は、難関のタンブルホームを組み上げ、仙台牡鹿郡月の浦港に見事に進水した。

サンファンバウティスタ号復元船（筆者撮影）

命名されたサンファン・バウティスタとは、西語 San Juan Bautista で聖ジョアン・バウティスタはキリストの最初の弟子の一人の名前である（注②）。ローマ教皇とその側近や教徒たちを喜ばせる命名にしたが、船尾の最も高い位置にある司令官室と隣接する日本側使節団長室の大きな背板には、伊達家副紋の九曜星を金粉で大きく輝かせていた（注　写真）。サンファン・バウティ

スタ号（以下バウティスタ号）の船尾楼板の大紋章には伊達家の風流な竹と雀の家紋でなく、九曜星、即ち太陽を中心に水・金・地・火・木・土に海王星や天王星の八惑星まで軌道はわからなくても、存在くらいは日本の天文学知識にあることを西洋に示した。伊達家の正紋は〝竹に雀〟であるが、アカプルコやイスパニアの総督達には、子供が喜ぶような〝竹に雀〟ではなく、天文学の図案を見せたかった。九曜星の中心にある大きな星は西洋では太陽であるが、日本では中国由来の天帝の星とされる。

慶長十八年（一六一三年）、月の浦港に押し寄せる黒潮が流れを変えて太平洋に向きを大きく変える十月、慶長遣欧使節団はバウティスタ号に乗船し太平洋に乗り出した。バウティスタ号の司令官兼使節団長ビスカイノは宣教師のみならず太平洋航路を往復している経験豊かな探検家でもあった。日本の使節団長格の支倉常長は伊達政宗の信任厚い重臣で、主君の意図するところを良く理解し、教皇の諮問や要求に対し受け入れられないところ、即ち政宗のカトリックへの改宗はないことを確認しており、教皇の質問を逸らかす手立てを船内で考えていた。

ビスカイノ司令官の巧みな操船指揮により一六一四年バウティスタ号がアカプルコに入港し、支倉常長は高価な貢ぎ物を総督に献上した。御宿に漂着したドン・ロドリゴ以下三百六十人もの命を助けてくれた恩もさることながら、平戸に開設されたオランダ商館の情報はイスパニアには衝撃的であったろう。家康は秀吉の伴天連追放令を緩和してくれたが交易もさして復活出来ていないのに、後発のオランダは平戸に拠点開設を認可された。プロテスタントのオランダとは異なり、外交と布教の分離が出来ないイスパニアにとって日本と交易復活の切り札はアマルガム技術の開示しかなかった。フィリピン総督はアカプルコ総督にアマルガム精錬現場に案内させ、水銀を用いた金や銀の溶出技術を、日本の精錬技術者に特恵的に開示した。これはバウティスタ号アカプルコ派遣の最大の成果の一つであったろう。

家康から特命を受けていた支倉常長は、アマルガム精錬を習得した日本人技術者をバウティスタ号に乗せ、翌一六一五年急ぎ日本に戻させた。目的地は母港月の浦ではなく、家康が待つ幕府直轄地の浦賀である。家康はその技術が他の大名に知られる事を防ぎ、幕府の独占技術としたのである。

アマルガム精錬方法のあらましとそれに使われる水銀を見分した家康は、ついに我が事なれりと快哉、日本の金山・銀山採掘管理者の大久保長安にアマルガム精錬を命じた。大久保長安はこのイスパニア由来の新技術を駆使して、金銀の生産を飛躍的に高め（注③）徳川の財政を途轍もなく豊にした。しかし、精錬した金を密かに裏帳簿につけ巨額の隠し財産を残していたことが長安の死後に発覚する。

長安による横領事件は長安一族の切腹に留まらなかった。長安と関係があった何名かの老中も連座し、大御所家康が作り上げた縁戚、伊達政宗の婿の松平忠輝の軍資金にされていると、忠輝謀反まで囁かれた。さらに忠輝と伊達政宗の密約まで仄めかされ、忠輝の逃げ場を封じた。この大きな政変は英国商館長コックスの日記に記され、英国本国にも報告されているが、日本側古文書には忠輝の後ろ盾になっていた伊達政宗謀反の古文書は発見されていない。あるのは江戸勤番の家老などが、噂話があったと日記などに記した無責任な伝聞で、証拠能力はない。

長安事件が終焉すると家康は、情報交換や人事などの話に呼んでいた秀忠に、イスパニアと国交断絶する旨の外交の転換を話すことにした。家康は、

「アマルガム精錬技術を習得できた以上、もはやイスパニアは用済みじゃ。これからはアジア交易を進め、日本を富国にする。日本から打って出るところはコーチシナ（Cochin China）とルソンとシャムあたりじゃな。そこが日本人町として定着すれば、その先に英国と蘭国貿易も見えてくる。余裕があれば南洋の島々を探索するのも面白い。難破した漁船の漁師の話では、南洋の無人島の周りの海は魚が取り放題。魚を捕りすぎて舟が傾き転覆し、無人島に漂流したと申しておった。島をねぐらとする何万ものアホウ鳥は人間を見たことがないのであろう。全く警戒心なく近寄って来るから、たやすく捕まえて焼き鳥にしたが、羽毛が多すぎて剥ぎ取るのは難儀だったそうな。その話をアダムスに話したら、アダムスは、欧州の貴族や金持ちは羽毛を入れた布団や枕は贅沢品として欲しがり、高く売れる。布団の次は防寒用じゃ。綿より軽くて肩がこらぬ上に、防寒性能は綿とは比べ物にならぬ。羽毛は服にも使え珍重される。人間に無警戒で近づくアホウな鳥は神からの贈り物、ぜひ一網打尽にして羽毛を欧州に売り、巨利を得たいとアダムスは笑っておったわ。我らは国を富ませる財に気が付かず捨ててしまうが、異国人には価値があるのじゃ。新しき考えを日本に取り入れ切磋琢磨せぬと、百年一日のように遅れさせ貧しい国にさせてしまうぞ。異国の意見は、側近どもの阿諛追従と違って、

すぐには分からぬことも気に入らぬこともあろう。それを考えて聞くのが日本を強くする良薬になるのだ。鎖国をすると、よそ者や新風を嫌う村社会にさせてしまい、外からのまともな考えも拒否し、終いには大昔の神国が良いと言う者もでてくる。同じ島国英国は日本に帆船を派遣できるが、日本には到底できぬ。蘭国はエゲレスの半分ほどの小国じゃが、バタビアにまで進出しておるそうな。その力の源泉は交易じゃ。秀忠、守旧派の口車に乗って、鎖国をしてはならぬぞ」

秀忠は鎖国論に傾きつつあったが即答せず先送りしたり、家康の指図をかわせるようになっていた。新将軍の自信が強まり、秀忠を支えてくれる側近たちを心強く思うようになっていた。しかし秀忠には鎖国政策とは別に父は勿論だれにも明かさぬ大きな野心があった。それは家康の急逝の後明らかとなり、天下を震撼させるが、終章で詳述する。

開国交易論に真正面から議論しない老獪さを身に付けつつあった秀忠は、父の考え方に探りを入れてみた。

「父上は新しいものがお好きと見受けられますが……」

「そうじゃ。余は古き神話の昔に戻るのは好まぬ。新たに側近にした者は、学者の林羅山に大商人の角倉了以じゃが、三浦按針など多くの者の意見が余の知恵袋になっておる。秀忠も、新しきことが考えられぬ三河者は暫し捨て置いては如何かな」

「父上、その儀は大事な人事な故、秀忠に暫し時間をお与え下され」

秀忠が時間を稼いでいる間に、三河の旧来の保守派である大久保忠隣、酒井忠世、土井利勝などの秀忠取り巻きは結束を強めた。

家康は対英貿易の最初の拠点港は江戸近辺では浦賀、加えて家康の本拠地、駿府も考えていた。駿府港は手狭なため、バックヤードを持つ清水湊も発展させてゆき、イスパニアに替わる交易の本命は英国と考え、英国女王の国書を携えてきた特使のウィリアム・アダムスを温存していた。そのアダムスを喜ばせ、大活躍するめぐり合わせがついに出現するのもこの慶長十八年(一六一三年)であった。

慶長十八年の大事とは、初めて東日本から遣欧使節船が出帆したことと、その出帆と入れ替わるように、バンテンの英国東インド会社から平戸に英国船が来航したことになる。

アダムスが苦節十三年、待ち焦がれていた英国東インド会社の大型帆船クローヴ(Clove)号がついに平戸に着岸した。東インド会社は、エリザベス後継国王ジェームズ一世の勅許により東インド地域の貿易を独占する会社である。幕府が交易を認めるのは平戸になるとオランダから情報を得て、幕府にいささかも反感を持たれぬように、平戸に入港を決めた。第二の取引国明との交易にも近い港であることも、平戸を選んだ理由になる。

英国特使セーリスと商館長コックス平戸に

クローヴ号は平戸に入港すると直ちに平戸を管轄する長崎奉行に、来航目的は日本と友好関係を結び通商し、共存共栄したいとの英国王ジェームズ一世の国書を徳川将軍に奉呈するためと申告した。長崎奉行は、事態が単なる民間商船ではなく国書奉戴という重大な任務がある外交使節船と知り、国書なるものを吟味しようとした。しかしセーリスは通訳を介し、

「お奉行様、国書奉呈は大使自らが相手の国王様に行うのが外交儀礼になっており候」

「なれど国書を見ずに、貴殿の申し出を鵜呑みして将軍様に取り次ぎしていささかでも相違あれば、長崎奉行は切腹せねばならぬ。よって、国書原本（注　写真）はそなたが護持するが、この場で写しを取らせてくれぬか」

この時代、天下人の直筆とされる文書は多いがその殆どは祐筆が書き、天下人は花押や朱印を押したものになる。祐筆は主君から毎日渡される何十枚もの書付から、天下人の字体を熟知しており、真筆と区別がつかない出来栄えであった。本物そっくりの写しを作るなど朝飯前の仕事であり、アルファベット文字の意味はわからなくてもひらがなの崩し字とみれば、真似することはいとも容易かった。

セーリスが妥協し、写しの作成を許したことから事態は急展開した。長崎奉行は秀忠将軍に写しを早馬で飛ばした。エゲレスから国書が届いたとの秀忠の急報に家康はアダムスを伴い、駿府城を出て江戸城に入った。

アダムスも忙しくなっていた。三浦の逸見村領地の目配りに専念できなくなっていた。秀忠に江戸

1613年 KingJames の国書

城参府を命じられ、駿府で家康に仕え、秀忠や家康の命令で平戸にも度々出張させられたが、まだ漁港であった平戸の旅籠には長崎のような高級な旅籠はなく、一六〇八年（慶長十三年）に平戸に西洋風の別宅を構えしばしば滞在し、平戸港は熟知していた。

江戸城の秀忠は、ジェームズ一世の国書の写しを前にして、

「父上、エゲレスの東インド会社の商船が平戸に来航したるよし。ようやく父上の想うところが通じたようで祝着至極に存じ候。英国国王ジェームズ一世殿の親書はそこに控えておる、三浦按針に正しく日本語に訳させ、祐筆に記録させたいと存じますが」

「うむ。余は英国商船の来航を長く待ちかねておった。左様に進めてくれ。アダムス、やっと貴下の大願が成就しそうじゃな。まずはジェームズ国王陛下の国書を日本語に直してみよ」

「ははぁ。家康様、秀忠様。それでは日本語に翻訳いたします」

『英国王ジェームズ一世はクローヴ（Clove）号司令官セーリスに以下を委任した。
一、日本の徳川将軍と誼を深め、交易を盛んにして共に栄えるため、東インド会社（East India Company）に独占交易の勅許状を与えた。
二、徳川将軍より日本の各港に入出港する権利を授かり、その賄いが円滑にできるよう、平戸に英国商館設立を許可すること。
三、前条が認められたときは、相互互恵に則り、日本がバンテンの東インド会社の敷地に商館設立を認める』
以上でござります」

「うむ。この国書には殊更問題はないようじゃ。余が公式に朱印状を与えるが、念のため林瑛将を呼べ。かの儒学者の意見も聞いておきたい。この際、儒学者に四書五経は離れて、外交文書とはいかなるものか学ばせておきたい」

林瑛将とは幕府の御用学者林羅山の傍流であるが、羅山より視野が広い上に学識・識見も優れていた。林羅山は家康の命令でイエズス会宣教師と立ち合い議論したことがあった。宣教師達は羅山のあまりに頑迷固陋さをみて少しは柔軟な思考をしてもらいたいと、地球儀を取り出し世界を説明しようとした。しかし、羅山は、〝このまやかし坊主どもめ。地球が球体などあり得るか、四書五経のどこにもそのようなことは書かれてはおらぬ〟と怒り出した。しかしその後ろに控えて冷静に考えている若者がいた。羅山学派の末席にいた林瑛将である。地球と太陽の大きさや距離、釣り合いなど瑛将の宣教師への物理や天文学的な問いかけに家康は刮目した。

儒学は君臣・親子・長幼・朋友などのあるべき姿と序列をわきまえさせ、上下の秩序を決める学問であり、国際条約の審査とは畑違いも甚だしいことは十分承知の上で、家康は瑛将の識見を試してみた。後年に至り蘭国から出島にもたらされる年次報告に国際法の改定などの付け足しはあったがその法理を教える講義はなかった。幕末のペリー大使との日米和親条約締結に於いて、幕府全権代表は林羅山の子孫で幕府大學頭の儒学者林復斎になった。復斎はアメリカとの和親条約締結に何ら臆することなくアメリカの手続き上の不備を指摘できたのも、林瑛将が残した国際法の解釈や交渉の進め方などの文書を精読し、国際条約の理解が十分にできていた故であろう。

「林瑛将、大御所さまの命により罷り越してござります」

「うむ、瑛将。ご苦労である。早速じゃがアダムスが和訳したこの国書を一読し、もしも我が国に危ういところがあれば申してみよ」

瑛将は和訳文にどこか不審なところが隠されていないか、ジェームズ国王が記した全権委任条項に抜けはないかなど英国人の論理性に注意し、何度も読み返し熟慮を重ねた。

「大御所さま、この書面であれば遺漏はなく、懸念すべきことはないと心得ます」

「左様であるか。余はエリザベス女王の国書も思いだし比べてみたが、女王の国書にはなかったアジア交易の拠点をバンテンにして、日本商館設置を認めるとの提案は、日本にアジア進出拠点を与えてくれる良い申し出になろう。秀忠は如何に考えるや？」

「父上と同じ考えにございます」

「よし、それでは将軍殿に異存ない故、セーリスに対面したい。速やかに江戸に参れと伝えよ。初見も紹介状もない異国の者に関わらずセーリスを信用し引見するのは、アダムスのこれまでの働きと信頼に基く特別なはからい、との余の言葉をアダムスが英訳して届けよ。平戸より江戸までの道中案内はアダムスにさせて良いかな、将軍殿？」

「は、仰せの通りでよろしいか、と。長崎奉行にはセーリスの国内通行を安全にするよう、平戸発特別通行手形を発行させたいと存じます」

「さすがは秀忠。よく気が付く」

家康は秀忠の意見具申を待っていた。秀忠の意見がなければ、家康が指示することになるが、それをしては新将軍に抜かりがあったことになる。二代目を一人前に育てるのは、秀忠に嫌がられようとも父親の責務と考えていた。英国からの国使接遇の段取りを老中たちが談合している間に、林瑛将は按針に声をかけた。

「三浦殿、林瑛将と申し儒学を学ぶ者でござる。大御所さまのご下命もござれば、西洋で決まり事になった海上交通法や交戦規則などを身共に伝授しては頂けませぬか？」

「林殿、海上交通法なら存じておりますのでお教え致す。交戦規則は拙者が英国を離れる前にはなかった故、わかり申さぬ。その代わりと言っては語弊があるやも知れませぬが、貴殿が江戸出張の帰りなどに御面倒でも拙者の日本橋のあばら家にお立ち寄り頂き、長子ジョセフに儒学のさわりを教えて下さらぬか？」

「それは有難きお申し出に存じ候。身共の江戸行きの楽しみになりますぞ。貴殿の御長男となれば英語もこなし、さぞかしご聡明でござろう。ぜひとも御長男に目通り致し、英語も学ばせていただく」

他方、家康は駿府に戻り、セーリス一行を待つことにした。いよいよ対英外交が始まるかと家康は喜び、高齢の身とはいえ駿府への足取りは軽かった。

セーリスとコックスの駿府と江戸参府

家康から平戸行きを命じられたアダムスは、待つこと久しかった母国人との会合にはやる気持ちを抑えきれなかった。そのころの平戸港は小さく停泊している大型船もごく僅かで、高台にあるアダムスの居宅から英国帆船はすぐ見えた。アダムスは、ユニオンジャックはためくクローブ号に乗船した。国王から任命された特使セーリスや商館長候補コックスなどの英国人と握手を交わすと、ウェルカムパーティーが始まった。

ジェームズ一世が一六〇八年に正式なウイスキーとして醸造勅許し、その年号をラベルに明示し、更にボトルにも一六〇八年の刻印がある英国王室専用のブッシュミルズウイスキー（BUSHMILLS Whiskey）（注　写真）にアダムスは喜び、豊潤な香を吸い込みすぎて少しむせたのを見たセーリスとコックスは笑った。スコッチウィスキーをこよなく愛する筆者もこの味や香りを知らずにこの書は書いてはいない。探し回って入手すると、まずは色合いの観察である。琥珀色がやや薄いところは、次世代のカティーサーク（Cutty Sark）と同じく、当時のままのレシピを守り、着色はしていないのであろう。香りもきつさはなく、ブレンドウイスキーの本領を発揮しなめらかで癖がなく、ラベルに書かれている Mellow どおりの豊潤なコクがしっかりある味付けに仕上げている。バランスとれた良い味わいが余韻に残った。アダムスが楽しんだ味付けがこれ

Bushmills Whiskey 1608　筆者撮影

と同じであったら、と思いを馳せた。

アダムスは故国のウイスキーを飲みながら、十三年ぶりの母国語の歓談に喜びを隠せなかった。BUSHMILLS Whiskey は国王からアダムスに飲ませるようにとの格別の逸品であった。

ちなみにこの BUSHMILLS Whiskey は文字から分かるように、国王の領国 Irish ウイスキーである。これがジェームズ一世の郷里のスコットランドに移入され、スコッチウイスキー Scotch whisky と変化しスペリングも変わった。アイルランドの Whiskey とスコットランドの Whisky と妙味の違いは、e があるかないかで飲む前に察しが付くと今日に至るもあえて統一せず、アイリッシュとスコッチ両者はウイスキーの元祖を競っている。

英国の一行に、アダムスは日本到着からこれまでの苦労話、統治者徳川家康の人物評価、日本の風習、加えて日本で高級な商品は何かなどを話した。セーリス達も、アダムスに知らされていなかったエリザベス一世の急逝とジェームズ一世の王位継承、妻メアリーの消息探しの一部を話したが、この時にはメアリーの重大情報は隠されていた。策士セーリスはアダムスを取り込む隠し球にしておきたかったのである。

三人の話が一段落するとセーリスは、

「日本の国王殿に早速拝謁したいが、我々の Itinerary（旅程表）と Agenda（議題）の原案を作成してもらえないか、アダムス」

アダムスは十三年に及ぶ日本での生活で儒教が教える上下関係の大切さとその対処を身に着けていただけに、セーリスの上から目線の指図が少しばかり気に触った。英国も日本と同じような階級社会である。英国にも上下関係による言い方や作法などマナーがある。それなのに、何者なのだ、こいつはと思い、傍らのコックス商館長候補をみた。コックスはアダムスの感じているところを察したが、そこはコックスとの今後の権力関係を考え、感情を顔には出さなかった。又、コックスにしても異国で十年を過ごしてきたアダムスはどのように変貌してしまっているか不審でもあった。心底信頼してよいのか、英国の国益よりも家康の利益を考えるのか、アダムスの本心は掴めておらず、慎重にならざるを得なかった。

「セーリス司令官、この平戸から将軍がおられる江戸まで約五百マイルの距離がある。我は馬を乗り継いでこの地にかけつけたが貴殿のお姿からすると、どうやら馬には乗れぬようだ。歩いて行くとなると二カ月はかかる故、夜も航行して距離を縮める船旅が良いでしょう。江戸で将軍に拝謁する前に、駿府城におられる将軍の父君、その後に司令官に推挙したい浦賀湊、英国外交団や商人や護衛の兵士たちが住めそうなところの見分を含めた Itinerary を作成するが、其れで宜しいか？」

「Sir Adams、素晴らしいプランだ！　日本国王とその城に参殿を許されるとは。これで立派な日本探索報告書が書ける。ぜひ案内してくれ」

セーリスには褒め殺しでのしあがってきた一面があった。褒められて気を悪くする者はいないのだ、と世渡りの信条にしていたようである。

アダムスの旅程案は、初めて日本の土を踏んだ思い出深い豊後から、海路瀬戸内海を航行し大阪湾に寄港、船を乗り換えて駿府湾に向かうというものであった。費用的にチャーターはできなかったが、長崎奉行の特別通行手形を得て堂々と船に乗り込み、一等船室をあてがわれた。セーリスは船中でアダムスから詳細な日本事情が得られた。アダムスもセーリスやコックスの性格と考え方は日本ビジネスに成功できるか冷静に分析していた。

セーリス一行とアダムスが乗船した和船は、関門海峡を抜けると鏡のように山並みを映した瀬戸内海を航行した。その美しさにセーリスとコックスは感嘆し意見を交わした。これは、テムズ川を遡ったオックスフォードの森よりも木々の彩りは華やかで蜜柑畑も美しい。しかもジャワ島のバタビアのような汚れも悪臭も全くない。

大阪で駿府に向かう船に乗り換えたアダムスは日本列島を北上する黒潮を見ていた。なるほど、黒潮（Black Tide）とは良く名付けたな。この海流の黒みかかった群青色は、英国諸島の海流にはなかった。ドーバー海峡の海流の色は明るい青だったな、と何度も航海した海の色を思い出していた。船はさらに進み、日本最大の半島になる紀伊半島に差し掛かった。船上からよく手入れされた吉野杉や檜の大木が真直ぐにそそり立っているのが見えた。日本人は美しい森林を守り育てている。欧州のOAKの森は太古から巨木に育ち大森林になったがそれとは違う。それに銘木となるWhite Cedar

（檜）や Chamaecy paris（杉）に Sciado pitys（高野槇）はしっかり下草が刈られていた。牛を放牧する牧場はない故に若芽を食い荒らされず、森はしっかり保全されているようだ。二人は英国商社マンの草分けであり、黒檀・紫檀・白檀などの南洋材も買い付けており、銘木を見る目も持っていた。

そのアダムスにセーリスは日本への売れ筋商材の販売会議を始めた。

「アダムス、バンドンから極上の毛織物を運んで来たぞ。毛皮もある。これらは、将軍の正室や側室、貴族の夫人達に高く売れるだろう」

セーリスはアダムスの迎合的な評価を得たかった。万が一セーリスの選んだ商品が売れ残っても、アダムスが決めたと逃げ道を考えていることを察し、アダムスは冷静に、

「セーリス、それはどうかな。日本は仏教の教えで動物は殺してはならず愛護すべきものなのだ。毛皮は論外、毛織物など動物由来品を身に着ける者は、畜生めと身分差別されかねないと聞いている。日本では動物由来の衣服はごく一部しか売れないだろう」

セーリスは憮然として、

「それなら何を売れば良いのだ」

「日本の暮らしに役立つものだな。貴下は気がついたと思うが、英国と違って日本は晩春から初秋になるまで蒸し暑い。綿製品は二千五百万の日本人に必需品だ。太くて強い綿花や長く柔らかい綿花は日本にないから売れるぞ。日本人は手先が器用故、様々な綿花から綿糸を捩り、赤子の柔らかい産着

から強靭な作業着、汗拭き手ぬぐいや布団など、綿製品を作り出す。これから江戸に行くときに我が館に招待するから日本の生活様式をしっかり見て、暮らしを豊かにする商品を考えては如何」

打ち解けた会話を通してアダムスはセーリスの人柄が分かってきた。冒険心も勇気も人一倍ある野心家だ。異国人に全く物怖じしない性格故に、今回の日本との交渉責任者に抜擢されたのだろう。しかし気になるのは自己中心的なところだ。そこは東インド会社の経営者もわかっていて、日本に駐在する英国商館長には性格が温和で幕府とうまくやってゆけるコックスにしたと推測した。

他方セーリスは野心家故に、慎重なアダムスを小物と軽視していた。エリザベスの特使になった経緯も調べなかったし、単なる漂流者で時の権力者に珍しがられて拾われただけと見くびっていた。アダムスの知識を吸収したら、英国に凱旋しよう。アダムスは日本をほめ過ぎる。これでは我が英国の国益より徳川の利益を優先するぞ。我々の駐日代表はコックスで良い。アダムスをコックスの支配下にするには、英国帰国を餌にすれば良いだろう。策士セーリスはもう一つアダムス取り込みのとっておきの切り札を温存していた。アダムスがどうしても知りたかったジリンガムの妻メアリー・ハインの身の上である。アダムスが従順にセーリスと共に帰国するなら教えようと考えていた。アダムスの切なる願いに反して、セーリスとは最初から越えられない壁があった。

英国人たちを乗せた船は目的地の駿府港に安着した。港から駿府城の巨大な石垣と白い漆喰の壁に囲まれた入母屋造りの天主を仰ぎ見たコックスは、日本の実質的統治者が誰なのか、悟った。アダムスの説明を聞くまでもなく、駿府城には日本一の高さを誇る石垣の上に豪壮な五層の天主台が聳えている。英国商館長は欧州にはない巨大な城だと本国に報告している。

秀忠がまとめた日本の内政案は家康が最終承認をするが、その最高議定所でもあるこの巨城は、西洋の城と異なり単なる戦闘用ではなく行政庁としての端正な建築美があった。

駿府城に登城したセーリス一行を、家康はにこやかな笑みを見せて迎えいれた。この駿府港には、蘭国やイスパニア商船も時化を理由に緊急避難してくるようになり、家康は貿易政策が花開きつつあることに、満足感を覚えた。家康には晩年の住まいとした駿府の地には格別の思い入れがあった。今川の人質になり幼少期を過ごし、成長すると今川義元の命令で義元の姪の瀬名姫（後の築山殿）を正室に迎え、新婚時代を過ごし、長子松平信康を育てた思い出の地でもあった。

駿府入港を前に船の中でアダムスはセーリス達に作法を一夜漬けで身に付けさせていた。日本は礼儀を大事にする国なのだ。大御所様の前で無礼をしたら、ジェームズ国王陛下の国書を無駄にしてしまうぞ、と。

セーリスとコックスは家康の近くにぎこちなく膝行し、神妙な面持ちで日本式の仕儀に則り、頭を低くして挨拶を終えると、貢ぎ物を幾つか奉呈した。その一つはジェームズ国王が勅許したBushmills Whiskey であった。家康は貢ぎ物に喜び破顔一笑し、話しかけた。

「ほほう！　これがアダムスから聞かされたウイスキーか。初めて見るぞ」

「国王様から家康様に何卒宜しく、と預かって参りました」

「左様であるか。家康、ジェームズ国王殿に厚く礼を申していたと伝えてくれ。西洋の酒は度が強いから、この城から見える富士山の名水で割って飲むことに致す。日本では、酒は百薬の長と申し最高の薬じゃが、英国では何と申すか、セーリス、コックス？」

「Good Wine makes good blood と申しまして、良き酒は良き血を作る、と古来伝わっております。この名酒は大御所様の長寿を祈る酒に御座候」

「左様であるか。あい分かったぞ。それにしても長き道中、大儀であったな。セーリス、コックス。今宵は大波に揺られぬ陸の上でゆっくりと、休むが良い。エゲレスのウイスキーに負けぬ、日本の極上の酒と新鮮な肴はふんだんに用意させてあるぞ。じゃが、余が酒に酔う前に知っておきたい。かつて、このアダムスに国書を書かれたエリザベス女王どのは息災でおられるか。今回の国書はジェームズ一世どのの名義になっておるが」

「大御所様、エリザベス女王陛下様は既にお亡くなりになられ、ジェームズ一世様に譲位されました」

「何としたことか、エリザベス女王陛下が亡くなられたとは……左様であったか。それで英国商船は日本に来航しなかったのか。まずはこの家康、心より哀悼の意を表すぞ。して、女王陛下が勅許された、東インド会社とはどのようなものなのか、聞かせてくれぬか」

「大御所様、東インド会社は女王陛下より勅許されたことに始まり、資金は株主と申す大商人が金を出し合い、東インド会社が総力を挙げてジャワ島のバンテンに……」

と、セーリスは待ってましたとばかり大言壮語して長いプレゼンをしてしまった。逐一通訳しながらアダムスは、だめだなこの男は。説明を聞かされる相手が何の情報が欲しいのか考え、要点を纏めて聞き手に分かり易くしようとせず、自分勝手にまくしたてるだけの男ではないか。

それでもアダムスは大御所家康との会談を何とか収拾し終えて駿府城に一泊すると、新将軍秀忠の居城がある江戸に向かった。いよいよ朱印状を将軍から拝受する本番儀式になる。

この頃の江戸は、江戸城全面改築を始め、幕府高官や大名達の大きな屋敷、奉行所などの官庁、さらに大商店が急増し始め、職人たちの長屋などの建築ラッシュが始まっていた。しかし江戸城天主台の石垣は駿府城より、小さかった。そうか、これは秀忠将軍が大御所に遠慮しているなと力関係を見抜くセーリスの観察力は人並み以上にあった。新都市江戸の活況を見たセーリスは日本の底力をみた思いがした。江戸が豊かになれば、好奇心の強い日本人はロンドン以上の購買力をみせるだろうと報告書の纏めを考えていた。

アダムスの根回しにより、対日貿易や諸港乗り入れや水・食料などの購入権を保証する朱印状と英国商館設置許可書が秀忠より授与され、セーリスは大満足の面持ちで江戸城から引きさがった。

セーリス一行、日本橋按針屋敷を訪問

将軍拝謁と朱印状拝受という大事な任務を終えると、アダムスは城から近い日本橋室町に与えられた三浦按針屋敷に、母国からの賓客セーリスとコックスを道案内した。道すがら、アダムスは和田倉門近くの河岸にある屋敷を指さした。

「その屋敷がヤン・ヨーステンの家だ」と話すと、セーリスは皮肉口調で反応した。

「バタビアのオランダ東インド会社で聞いたが、貴下はオランダの Agent（代理人）になったと評判だったぞ。オランダ商館とは年俸は幾らで契約したのか？　英国商館は勿論それより高額を保証するよ」

アダムスが英国に残してきた妻子と交信したいばかりにオランダ商館の代理人に自らを売り込んだのだ。アダムスは英国から捨てられたような境遇にあったことをセーリスに話しても無駄と思った。しかし、セーリスは、

「オランダとの代理人契約はキャンセルし、我が英国の国益だけを考える専属代理人契約（exclusive agent contract）をしてもらえないか？」

セーリスは隣国オランダとの提携や友好を考える男ではなかった。家康殿が大事にしている国際協

調精神がないセーリスに話しても無駄であろうと話を変えた。

「それは考えておく。その前にこの辺り一帯を覚えておいてくれ。ここに英国人町を造成出来れば良いなと考えている。ロンドンより遥かに空気も気候も良い。乗馬して陸路でも、船で江戸湾を眺めながら海路でも浦賀にゆける。英国人町は新将軍も御認め下さると思っている」

それを聞いたセーリスとコックスは、

「それは良い考えと思う。我が英国の橋頭保を江戸に築くのは素晴らしい考えだ。是非具体化してくれ」と二人は異口同音に答えた。

アダムスは、江戸英国人町の話はロンドンに帰ったらセーリスが大風呂敷を広げるなと察した。例え、セーリスの手柄話になっても英国王室が本腰を入れてくれたら良いのだと鷹揚に思っていた。

日本橋室町の按針屋敷が見えてきた。門前には三浦の家紋をつけた大きな提灯が左右に高く掲げられていた。日本人妻の詩桜里と長男ジョセフ、長女スザンナそれに警護の侍に手あきの女中や下男達が十数名門前に揃い、一行を待っていた。五百石取の直参武士の格式では、門構えは長屋門でそこにアダムス護衛の侍が門番を兼ねて、外を見張る小さな詰所まで設置してあった。

按針邸の中に入ったセーリスとコックスはアダムスの権勢に驚きを隠せなかった。しかしセーリスは

「先ほど見かけたヤン・ヨーステンの屋敷は江戸城から近くて大名屋敷の地域だが、ここはどうやら

富裕な町人地域のようだな」

「それはその通りだ。立地も広さもここよりも上だ。しかし大きな違いがある。ヤン・ヨーステンは領地を賜っていないのだ」

「アダムス、領地を与えられたことにどんな意味があるのだ？」

「身共は家康様の直参旗本として日本に残るが、ヨーステンは日本には一時滞在と割り切っているようだから、領地もない。しかし、英国の国王が代替わりして日本との交易に消極的になれば、日本はオランダと交易する他ない。それを見極めるまで、ヤン・ヨーステンの自尊心を満足させるよう大名屋敷の一角に大きな屋敷を与えた。アダムスは町人地区で我慢せよ、と。家康殿はヤン・ヨーステンの虚栄心を喜ばせたのだ」

「なるほど、国王の家康様は深慮遠謀される方なのだな」

セーリスとアダムスの英会話に詩桜里は相当分かるような表情で聞いていたことにコックスは気が付いていた。詩桜里はどうやら只者ではないと感じていた。応接間に案内されると早速英国みやげを詩桜里とその長男ジョセフ、長女スザンナにもプレゼントして喜ぶ笑顔をみていた。詩桜里は女中に指図し、セーリスとコックスにダージリンの高級紅茶と抹茶に江戸の清水を用意させた。アダムスは二人に、

「長旅でさぞかし疲れたことであろう。今宵はゆっくり我が屋敷で休んでくれたまえ。先ずは江戸の

水即ち桜上水の水だが、ロンドンやバンドンの水より美味と思うが如何？」

二人は興味深く江戸の水なるものを口に含んだ。

「これは、うまい。透き通るような味わいがある清水だ。ロンドンのテムズ川の水は論外だし、川に近い井戸水など臭くて飲めない日もある。ましてや航海中の水を思いだしたらゾッとする。この江戸の水を出来る事なら、ロンドンに持ち帰りたいものだ」

「そうだろう。この柔らかい清水から醸造した酒を日本人は清酒と呼んでいる。日本酒の特級品だから今夜はゆっくり堪能してくれ。残念ながら国教会の真摯な信徒としては、芸者の用意は出来ないが」

冗談にしてセーリスの反応を探っていた。アダムスの探りに気が付かないセーリスはまともにうけ、がっかりしたように
「それは実に残念だが、致し方ないな」

コックスはアダムスが探りを入れていると気が付いていたがアダムスの能力を確かめようと、無言のまま笑みを浮かべてうなずいた。

アダムスは遠い目をしていた。テムズ川の水は論外として、家の近くのメドウェイ川の水もうまくなかった。アダムス家の飲み水は川の水ではなく井戸水だったが、一家の生活用水を全て汲み上げる日課は、子供には重労働だったことを思いだしていた。

コックスは、頃合いを見て門前に勢ぞろいしていたアダムスの家来衆について尋ねた。

「アダムス、貴下は前将軍の家康殿の直参に取り立てられたとのことだが、兵卒はいかほど養っている？」

「我が身上は戦闘部隊でなく、参謀であるから戦闘する精兵は揃えていない。徳川の戦時律法では、百石につき兵卒三名になっている。よって、拙者の五百石では十五名の戦闘員とその支援をする何名かの従卒を維持しなくてはならない。戦場では、家康様の下知を伝える伝令や身共の護衛兵のようなものだが……」

コックスは傍らに控えている詩桜里の表情を再びチラ見して、英国人同士が話す英語は別の意味になる慣用句が多く、日本人にはわからないはずなのにやはり聞き取れていると察した。アダムスは、コックスが詩桜里の公けにはされていなかった能力に気が付いたとみて、

「セーリス司令官とコックス商館長に折り入って話しておきたいことがある。家康様しか知らぬ、妻の秘密を話しておきたい。奥の間に移ってくれるか」

英会話もわかる詩桜里とは何者なのか、興味津々の二人に使用人たちは絶対に入れない仏間に通し、日本の仏壇を見せた。この仏壇は黒檀金箔づくりで高価なものとわかったが、それが何の秘密かと不審がる二人に、アダムスは鎮座されている仏の厨子を慎重に動かすとその奥には幼子キリストを抱いたマリア像があった。

コックスとセーリスは顔を見合わせた。これはどういうことなのか。アダムスの妻詩桜里はキリシ

タンだったのか。それで息子と娘に日本人の名ではなく、キリストに近い側近の名前を付けていたのか。アダムスは口を開いた。

「これから貴下たちと頻繁に連絡をとることになるが、身共は駿府や平戸など家康様の命令で不在の事が多い。詩桜里は高度な英語も理解できるように教育してある。しかし、大きな問題がある。日本ではキリシタンは許されないということだ。詩桜里に洗礼名はあるが、貴下たちが不用意に書かないよう、言わぬ。貴下から発信される手紙はMrs Adamsとして、絶対にキリスト教のことは書かないでくれたまえ」

「アダムス､良く話してくれた。キリスト教のことを文書には絶対書かないことは約束する。しかし、ジェームズ国王様には詩桜里と子供たちが密かに洗礼を受けたクリスチャンであることを報告してよいのか?」

「極秘で口頭報告して貰う為にマリア様を見てもらったのだ。アダムスは妻子を伴って、いつの日かジリンガムに帰り、国王様に報告する考えでいる、と」

コックス商館長によるアダムス家族のことが日記に記され、英国商館の公式文書としてアーカイブされているが、アダムスの日本人妻はMrs.Adamsとのみ記され、名前は隠されている。その理由は史料に基き半ば開示したが、筆者が推測する残りについては最終章で明らかにしたい。

アダムスの屋敷で一夜明けると、セーリスの勝手な行動が始まった。アダムスに土産物屋を案内させ、店主に要求したのは店頭には置かれていない秘密の浮世絵（春画）であった。一枚や二枚なら英国の紳士気取りが日本文化の珍品を見たいのかと微笑ましくもあったが、セーリスの要求は度を越していた。奥にしまってある在庫品まで全量を紙だから嵩張らない上、持ち運びも簡単で場所もとらないと理屈をつけて土産物同業者の隠し在庫品も全て買い占めてしまった。日本の最高美術画を納めて高く売りつけるのに相応しい螺鈿の文書入れも多量に買い求めた。アダムスはセーリスの常軌を逸した買い物に、知らぬ顔はできなかった。

「セーリス、まさかこれほど多量の春画を英国に持ち帰るつもりじゃないよな」

「しないよ。バタビアで友達に気前よくプレゼントしてしまうさ。それにしても日本の春画は素晴らしいな。中国やインドのような単純な図解ではない。浮世絵はなまめかしく想像させる美術品で見応えがある。絵の好きな欧州人なら、誰もが欲しがる」

温厚なコックスも、それを聞いてついに口をはさんだ。

「美術品とは言っても、これはプロテスタントやカトリックの国々でも禁制品になることはわかっているだろう。税関に発見されたら大変な罰金を科され、全て焼却されるぞ。破廉恥なことをしでかしたと職も失うかも知れない。危険なものだ」

「わかっている。何とか処分するさ」

アダムスはセーリスを信用できなくなりつつあった。この男と一緒に帰るのは危険だ。禁制品持ち込みの共犯どころか主犯にされかねない。英国の税関員には、アダムスが帰国土産に持ってきたのだ、私のものではないと。

翌朝アダムスは気を取り直して、セーリス一行の次の視察地の浦賀港とアダムスの領地に導いた。

アダムスの領地館から見下ろす浦賀港の景色は、海の青さと松並木の緑が織りなす絶景であった。アダムスから熱心に英国商館の立地は浦賀でどうかと提案されたコックス商館長は悩んだ。この港は江戸に近いから幕府との外交や各地へのアクセスは良いが、バックヤードは不十分で農村しかない。パンを焼く小麦は生産できるが、西洋の船乗りが喉から手が出るほど食べたい新鮮な牛肉は無理と我慢させても、豚肉ならと譲らない。しかし江戸幕府の近くでは、動物殺生禁止の法度が厳しい。浦賀でも精肉にしてはくれない。牛も馬も日本では食物ではなく大事な農耕や運搬用の家畜であった。それなら日本人の手を汚さず、子豚を丸ごと高く買い入れ、英国水夫だけで鉄の棒を豚の口から突き刺し、丸焼きにしてBBQすれば良い。しかしそれをやってしまったら大騒動になる。それよりも致命的な浦賀の立地があった。

英国商館の事業戦略として日本の次に重要なのは中国との交易である。平戸から見れば、上海と江戸はほぼ同距離にあり、しかも、平戸ならば、闇市場で値段は高いが豚肉が買え、船員にも大喜びさせてやれる。いざ幕府と険悪になっても長崎奉行所と離れている平戸オランダ商館と協定し、幕府の追手に捕縛される前にオランダ船か英国船でさっさと逃げ出せる平戸が総合的にみて無難との結論にせざるを得なかった。

セーリスは母国帰還に積極的にならないアダムスに切り札を切った。セーリス帰国に伴ってアダムスも母国に帰り、妻メアリーと子供たちの消息を探してはどうか、メアリーと子供たちの居所を知っているとの情報提供者もいると熱心に勧誘した。アダムスの心は大きく乱れた。メアリーと子供には何としても再会したい。しかし、セーリスと一緒の船で帰るのはあまりに危険な予感がする。刑務所に収監されたら、ジリンガムで待っているメアリーに大恥をかかせることになる。

将軍から交易を認める勅許状（朱印状）を授かった以上、英国商館には毎年英国船が寄港するであろう。その時に帰るのが最良と考え、セーリスの誘いを断った。アダムスのセーリス評価は正しかったが、しかしそのあと英国に戻る船に乗りこむ機会は巡ってこなかった。家康の命でシャム探索が急務となり、日本には不在になったからである。これもアダムスの悲運であったろうか。

セーリスが日本を去ってゆくのを待っていたかのようにコックスはアダムスを平戸の英国商館長室に招き入れた。

「Sir Adams, セーリスが君に話さなかったことを伝えたい。辛い話になるが、聞いてくれるか、それとも話さない方が良いか決めてくれ」

アダムスは何の事か察した。

「ジリンガムに残した妻子のことか。それなら妻から一通の返信もなかったから、何があっても覚悟はできているよ。ぜひ話してくれ」

「実に言いにくいのだが、メアリー・ハインは娘を連れて、近海航路の航海士ヘンリー・ラインズと再婚した（注④）」

アダムスは暫し天を仰ぎ、涙をこらえ沈黙していたが、気を引き締めると、

「やはり、そうだったか。妻に何度手紙を書いても一度も返信してくれなかったから、覚悟はしていたが……で、娘のデリバレンスについて消息は掴めているのか？」

「残念ながら、それは掴めていない」

元妻は、再婚すればそれなりに自らの幸せを掴めると思い決断したのであろう。しかし連れ子は必ずしも継父の下で幸せになれるとは限らない。連れ子いじめはどこの国にもあり、むしろ不幸になる方が少なくない。

「コックス商館長、話してくれてありがとう。これで元妻が一通の返信もくれなかった事情を納得したよ。今、我が心配するところは娘のデリバレンスだけだ。いずれ娘には相応の財産を分与するから、その時には世話をしてもらえるか」

アダムスはそのあとはコックスに言わなかったが、詩桜里やジョセフとともに日本に骨を埋める覚悟か、とコックスは察した。

「アダムス、承知した。あとは任せてくれ。もしも、商館長が交替になってもこのことは確と引き継

がせる。その為に、この商館に多大な貢献をしたと記録に残せるようにここに勤務してもらえないか。家康殿のアドバイザーと兼務してもらって構わない」

「コックス商館長とは仲良くやれそうだ。大御所様の了解を戴き次第、契約するよ。これから江戸城出仕に逸見村の領地見廻りと駿府城にご機嫌伺い、更に商館勤務と体がいくつあっても足りなくなるな」と二人は笑いあった。

　寛大な家康公の了解を得て、逸見村の領地を返上させられることなく、このときからアダムスの三重生活が始まった。この時あえてアダムスに本拠地はどこになるかと尋ねたら、平戸になると答えたかもしれない。逸見村のアダムスの館を守る詩桜里は、領地の収入から平戸のアダムスに仕送りをしていた。アダムスは航海士であり探検家が性に合っていた。いつでもアジア航海に乗り出せる港に住みたかった。

　さて野心家セーリスの本国帰還はどうなったであろうか。セーリスの業務違反は大量の春画の密輸に留まらなかった。クローヴ号を利用した私的貿易は、利幅の大きい商品では、東インド会社の貿易額よりも多かった。あまりの公私混同に、強風で船が大揺れしている時に船を守るため命を掛けてマストに登り帆を畳み、船を救う船員たちの反発は強かった。

　厳しい税関があるサウザンプトン（Southampton）港には入港せず、税関職員が僅かしかいない、小さなプリマス（Plymouth）港なら見つからないだろうと天候悪化を理由に入港した。しかし、セーリスを嫌っていた船員から税関当局に内部通報されたのであろう。急遽増員されていた税関員に厳しく積み荷や船長室まで徹底して調べ上げられた。結果、春画や私貿易の簿外品が大量に発見され全て押収された。セーリスの悪事が露見したのである。

法廷でセーリスは密輸の言い逃れができず禁制品密輸と職務専念義務違反の罪で有罪になった（注⑤）が、徳川秀忠から朱印状獲得の功績により情状酌量され、刑務所収監だけは免れた。しかし、東インド会社幹部職から解雇され退職金もなかったが、それまで密輸で貯め込んできた財産で老後は裕福に過ごしたと伝わる。セーリスは対日特使に抜擢された前途有望な青年であった。そのたぐいまれなる冒険心と何事にもくじけないジョンブル魂（The John Bull Spirits）で精進していれば東インド会社の大事業となる、インド植民地化の大役をこなし、歴史に名を残したであろうが、晩節を汚す残念な結末になってしまった。

家康に見限られたセーリスとは対照的にコックスは評価されていた。家康は大阪夏の陣前年の慶長十九年（一六一四年）コックスに特注をした。当時世界最高の兵器であるカルバリン砲（射程約６㎞）四門とセーカー砲（同４㎞）一門を千四百両、火薬十樽百八十四両、鉛玉素材を六百九十両で買い上げていた（注⑥）。大阪城との決戦兵器である。合計すると現在価で約五億円になるが、天下取りの決戦兵器としてはむしろ安すぎる価格であった。これは対日貿易の拡大を狙った東インド会社の特別オファー（値引き価格）であったが、朱印状と勅許状に基づく正式な日英貿易は、最新兵器の購入から始まったことは注目に価する。これ以後東インド会社のアジア諸地域との交易による巨額の利益が、国内資源に乏しい英国に資本蓄積と投資をさせてゆく。英国は何故世界史に有名な産業革命を始められたか、その理由の一つと考えて良い。

慶長二十年（一六一五年）バウティスタ号はアマルガムの技術のみならず大量の羅紗や窓ガラス製品などを満載して無事帰港し日本はアカプルコとの交易を始めたことが、英国商館長コックスから本国に報告された。家康はバウティスタ号を運用し、英・西・蘭の三ヵ国との欧州貿易を始める予定、と。

英国王ジェームズ一世は、アダムスが徳川家康の腹心のスタッフに取り込まれ、領地も館も与えられて日本人妻と十二年を過ごし二人の子に恵まれ、英国への忠誠心は薄らいだとみて、コックスに駐日大使格の任務を与えたのであろう。アダムスも英国外交や情報責任者から外したジェームズ一世に見切りをつけ、日本帰化を決意した。

コックスは英国商館長として平戸に十年とどまったが、結果的に日英貿易は思うように発展させられなかった。コックスの商才は不十分で、政務担当情報官として優秀であった。その一例が、伊達政宗の娘婿松平忠輝が政宗の武力と大久保長安の隠し資金を用いて、三代将軍家光に反乱するとの噂が巷に広まっているという報告とその続報である。江戸に向かう途中で京都所司代の板倉勝重を表敬訪問し禁裏情報などを聞き出し、掛川でコックスは、物々しく警備され伊勢国朝熊山幽閉に護送される松平忠輝の一行に遭遇した（注⑦）などは商館長の仕事を超えていた。商務担当は失格でも情報担当として外交戦略を報告する有秀な外交官であった。商館が領事館さらに大使館に格上げされ、外交を担うのは約二百年先のことになる。

コックス情報を得ていた、英国ジェームズ国王のアジア重要政策はどうであったろうか。期待に反して日本との交易額が伸びなければ英国王室を始め新興ブルジョワジーから資金を集めた東インド会社は巨額の航海費用やバンテン維持費用で破産しかねない。日本に替わり大きな交易が見込めるのはインドになる。当時のインドはムガール帝国が統治していたが、日本とほぼ同じ一六一三年に英国商館設置が認められた。商館は交易拡大のみならず、インド各地の政治情勢や、有力な豪族たちが親英か反英か、さらにムガール帝国の権力構造を分析し、内乱にも密かに加担、ムガール帝国を弱体化させ、ついに英国の植民地とした。まさに小（国）が大（国）を飲み込んだ外交は、イスパニアのコンキスタドールに勝っていたのではないだろうか。

家康の禁中並び公家諸法度と英国聖職者服従法

関ヶ原の次の大阪城決戦では、天主砲撃にアダムスの戦法を取り入れるべく平戸の英国商館から最新鋭のカルバリン砲を買い上げたことは先述した。慶長二十年（一六一五年）大阪夏の陣で淀君が居住する天守はカルバリン砲で粉砕され、逃げ回った淀君と秀頼は味噌蔵のようなところで人生を終えたことは周知のことになるが、豊臣へのせめてもの弔意として書き残す。

日本から敵対勢力が消滅したことを朝廷に奏上、元号を元和と改元させ、完全に徳川の世になったことを日本中に知らしめた。

家康はここで統治者としての厳しい姿を見せ、禁裏と公家と僧職者の仕置きにかかった。天皇を支える臣下である内大臣職を退き朝廷から距離をおき、朝廷に何の遠慮もなく楔を打ち込む。慶長十八年（一六一三年）発布の公家諸法度に、二年後の元和元年に禁中即ち天皇も対象にした禁中並公家諸法度に改正する。家康は自らに残された時間を読み、焦りを見せたと考える。

家康が京を攻める出城、二条城に前関白二条昭実を呼び出し、将軍秀忠・大御所家康の三名が禁中並公家諸法度に連署した。公家代表にも連署させたことで、家康と秀忠だけが一方的に制定したのでないから、公家も禁裏も謹んで受けよと駄目押しをした。鎌倉幕府に始まって以降四百年の長期にわたる武家政権は、ついに朝廷のみならず僧侶も管理する法度（法律）を制定した。

この法度により家康が目指す統制は重要になるので、具体的に吟味したい。

第一条　天皇は芸能や学問を第一にする。（天皇は政治に関わってはならない）

第二条　太政大臣・左大臣・右大臣三職の席次は、親王より上であること。（天皇の息子達より上位にして、常に席次を気にする公家を喜ばせた）

第三条　（略）

第四条・第五条　摂関の任命は摂関家に限ること。
(摂関職の世襲とは公家の家格と序列を固定化し、有能な公家の新規登用はしないことで摂関職の無能化を狙った)
第六条　養子は男子に限ること。
第七条　(略)
第八条　改元は漢朝の年号から良いものを選ぶが、今後は日本の良き先例によること。
(中国式元号の制定から脱し、徳川が申請する元号を採用する)
第九条　天子以下諸臣の衣服の規定。
第十条　諸家昇進の次第。
第十一条　関白や武家伝奏や奉行などの命令に違反するものは流罪。
第十二条・十三条　(略)
第十四条・十五条　僧正・門跡・院家の任命と叙任。
第十六条　紫衣はみだりに勅許せず、しっかりと調査し行うこと。
(天皇に、紫衣勅許を用いた親天皇派閥作りをさせない)
第十七条　上人号を与えるときはその者がしっかりと仏法を修行したものであること。そうでない者が上人を名のれば流罪にする。

このように天皇以下公家僧侶の装束まで統制し、大臣や摂関の任免や昇進に加えて序列まで含め、秀吉が定めた序列を無効にした。この法度に基づき家康と秀忠は、禁中と公家僧侶に何か不審の動きが察知された時は、直ちに介入し天皇や公家や僧侶などの支配層に巣くう反乱者を処分した。その監視役には、禁裏の離れに常駐する武家伝奏役と、外部から関係しようとする者には京都所司代が目を光らせた。

それでは大寺院の僧侶の統制とはどうであったのか。家康は三河一向一揆のように、いずれ幕府に抵抗する僧侶と門徒衆が反対勢力になることを予期していた。巨大宗教組織ほど危険なものはなく常に監視が必要と家康がアダムスから聞き、参考にしたのは、一五三三年英国でヘンリー八世が制定した〝聖職者服従法〟で、国王に服従しない司教を免職させる制度になる。家康は公家諸法度と共に「勅許紫衣法度」「大徳寺妙心寺等諸寺入院法度」を定めた。実際の適用は寛永四年（一六二七年）秀忠の目付が摘発した紫衣事件として知られる。紫衣の勅許とは、天皇が支給した大僧正僧服を問題にしたのではなかった。京都の大寺院の大徳寺や知恩院など影響力ある九寺院の住職の任免は事前に幕府の許可を得ることにさせていた。大寺院であれば全国に別格寺や末寺を数千も擁し、その檀家衆は数十万超えの大集団になる。その一大勢力のトップが反幕府であっては、大火に燃え広がる火種を抱えることになる。僧侶と門徒衆の武士に劣らぬ強さは、家康は骨身にこたえていた。その反幕府的な僧正を処罰するのが禁中並びに公家諸法度の付表「勅許紫衣法度」であった。この反幕府的な九寺院グループのまとめ役は大徳寺の住職沢庵和尚である。沢庵和尚は寺内で沢庵漬けして喜んでいたのではない。沢庵漬けという国民保存食の講習は、各宗派の反幕府的考えの僧侶を寺内に集めるための隠蓑だった。沢庵グループは禁裏と親密で、天皇をバックアップしていることが知れると、幕府所司代と寺社奉行双方は禁裏からそのグループを切り離し、監視対象にする。

アダムス、家康の命でシャム探索に向かう

一六一五年、反家康勢力を滅ぼした大阪夏の陣に休む間もなく、禁裏や公家僧侶を取り締まる禁中並公家諸法度制定に精力を使い果たした家康はめっきり体力が衰えたことを自覚し始めた。これは、ことを急がねばならぬ。

家康は近習をしてアダムスを駿府城に登城するよう命じた。アダムスは家康の指示となれば他事は後回しにして即刻参上した。

「大御所様、お呼びにより三浦按針参上仕りましてござる」

「うむ按針、大儀である。近う寄れ、按針とは早や十五年になるな。どうりで、そちの目じりにしわが増えたの。コーチシナ（Cochin China、現在のベトナム）探索で苦労させせたからか？」

家康はヤン・ヨーステンのような虚言が微塵もないアダムスが好きであり、アダムスも老父のような家康を尊敬し、二人には堅い友情と信頼があった。

「大御所様、この按針への変らぬかたじけなきお言葉、身に余る有難き幸せにござります。して、本日御用の向きは……」

「按針、できるだけ早くシァムに探索に行ってくれぬか。大阪夏の陣で鉛弾を使い果たし、ポルトガルやイスパニアは追放して日本に鉛が入らなくなってしまった。これではたとえ火縄銃が何千挺あっても肝心な鉛の弾丸がなくては、戦ができぬ。国内のみならず、異国との戦いもあるやも知れぬ。しかし鉄の玉では軽くて強風には流れ弾になる。風が吹かなくても刀鍛冶が鍛えぬいた鎧兜を貫けぬ。音で雀脅しする案山子の鉄砲のようなものじゃ。大阪の陣で鉛玉が足りず、鉄玉を使ってみたが威力が違うことが分かったことは、良い戦訓になった。その良い鉛はシァムの鉱山で採掘できるとの事じゃ。」

「然りながら、大御所様。大阪の陣も片付き、もはや大御所様や秀忠様に刃向かう者などおらぬと存じますが」

「左様、余もポルトガルやイスパニアを追放し、カトリックは日本から霧消したと安堵しておったが、見誤ったかも知れぬ」

「その敵とは、まさか、あの……」

「按針は相変わらず察しがよいな。そうじゃ、国外退去を命じたカトリックキリシタンの残党がまだくすぶっている。いずれ大火になろう。大阪城落城までイエズス会とフランシスコ会の修道士が踏みとどまり、明石掃部をキリシタンの総大将にして四千五百もの強者どもを指揮した上に、我ら東軍の一翼を担わせた黒田長政などキリシタン武将らを調略しておった。これから長政との付き合いには気を付けねばならぬ。カトリックの信仰とは恐ろしいものじゃな。死刑など屁でもないと、信徒たちは信じておるぞ。死ねばパラダイス、棄教すれば無間地獄だと絶対に改宗しないところは、一向宗よりはるかに手ごわい。按針のプロテスタントならそこまでの狂信的な信仰心はないと思うが」

「恐れ入り奉ります。拙者の国教会とは、国王、即ち大御所様が国教会司祭の上に立ち、国教会を監督する穏当なキリスト教でござります。而して大御所様は大阪の陣に大勝しても、なお兜の緒を閉めよ、と仰せにござるか」

「按針の日本語も達者になったな。褒めて遣わす。余はカトリックとの最期の戦いに勝ち、この日本を軍事国家から平和国家、交易国家にするぞ」

「大御所様、畏まって候。御意のまま、早速シャムに旅立ちまする」

「按針、大儀である。シァムの都アユタヤには、城井久衛門と申す加賀藩ゆかりの武者が日本人町を仕切り（注⑧）、シャム王室の庇護もある。ところで按針は詩桜里から父小西行長のことを聞いておるか?」

「石田三成と共に家康様に逆らった反逆者と存知おり候」

「小西行長は武将より貿易商人で雄飛したいとキリシタンになった漢じゃ。余は行長をシャムと日本を繋ぐ交易商人にしたかったが、三成と同心した反逆者故、泣いて馬謖を斬った。行長の替わりが、城井久衛門じゃ。久衛門に家康が花押した朱印状を届けよ。さすれば何なりと按針の手助けをしてくれよう。シァムの鉛鉱山が首尾よく見つかれば、幕府がその採掘を独占するよう秀忠に手立てさせる」

「承知仕りました。して鉛の他に殿下は何を御所望なされますや？」

「それはな、さしあたり、蘇木・鹿皮などが思いつくが、急ぐことはないぞ」

「蘇木とは、殿下秘伝の漢方薬の材料にございますか？」

「左様じゃ。按針は良く知っておるな。漢方薬になくてはならぬ、貴重な薬種で高価なものじゃ。苗木を手を尽くして買ってみたが、日本では残念なことに育たなかった」

「それでは按針は暫し日本から離れますが、大御所様には何かさわりはございませぬか。ご尊顔にはどことなく曇りがあるような……」

「はは、歳のせいじゃ。按針が案じてくれるのは嬉しいぞ。余の身に万一のことがあっても、按針や三浦家存続は永代保証するよう書付を残しておくぞ」

按針は、危険を伴う海路の旅立ち前に、これ以上不吉なことを話すのを憚った。しかし、按針の予感はエリザベスの死のように的中する。

家康の死去と秀忠への遺言

運命は時に冷酷になる。按針をシャムに特派して間もない元和二年（一六一六年）、家康は新春の鷹狩のあと駿府城で食事後に急に容態を悪くし、薬石効なく闘病四カ月の末についに四月に逝去した。享年七十五歳であった。ここに東西の交易をめざした統治者達は世を去り、アダムスは母国にも派遣地にも後ろ盾を失うことになった。これからは秀忠やコックスに蘭国商館とも絆を強くして、生きてゆかねばならぬ、と決意を新たにした。

家康は天下人でありながら、国葬とはかけ離れた質素な葬儀になった。かつての天下人信長や秀吉の大葬儀と全く異なり、その葬儀は現在の近親葬のように限られた者だけで、しめやかに執り行なわれ、遺骸はその日のうちに遺言のとおり、駿府城近くの久能山に葬られた。家康は駿府湾から遥か彼方のアカプルコに繋がる太平洋が眺められる、久能山で永眠したかった。家康の墓所は、久能山東照宮と称される霊場になった。

秀忠は、天下人を弔うに相応しい国葬でなく質素な葬儀で済ませたと言われるのを嫌がった。権力者になればなるほど体面を気にし、陰口を嫌がる。その反動のように、父の神格化を進める。朝廷に神号を奏請、〝東照大権現〟の神号を授かり、父を神にさせた。これは親孝行を天下に知らしめるのみならず、自らそう思いこみたかったのであろう。

秀忠は慎重な考えが身についていた。幕閣を構成する老中・若年寄・大目付・奉行を招集し、開国を續けることがなぜ問題なのか、改めて意見させた。イスパニアへの防衛から口火が切られた。

「さればでござりますが、先年バウティスタ号の建造を支援したビスカイノと申す司令官は、月の浦港をサン・フェリペ、近くの上陸に適した浜をサンタ・マルガリータなどとイスパニアの植民地のように勝手に名付けていたとの事。イスパニアはルソンをフィリペ国王の土地と、国名をフィリピンに変えており候。月の浦一帯もフィリペ国王のものにする考えやも知れませぬ」

「それは聞き捨てならんぞ。イスパニアの野心が透けて見えるな」

「そのような無法者共に開国すれば、日本の各地にイスパニア町が出来、異国の悪しき風習が神国日本に入り込むのは必定。既に長崎は国際都市のようになり、多くの日本の娘たちが異国人の妻になっており候」

「左様であるか。大和男子の容姿は異人より見劣りすると申すか」秀忠は失笑した。

「いつの世も、若者は見目麗しき男や女を追いかけまする。やはり、蘭学は禁止して四書五経にある男女の正しき道や夫唱婦随などを物心つく前に確と教え込むのが肝要と存じ候」

「更に、幕府に反逆するための銃器や、性感染症も持ち込まれております」

長崎奉行は、その後を続けた。

「長崎湊の遊郭では、ポルトガルやイスパニアなどの船員から性病をうつされたと訴える遊女に、蘭医はPortuguese Disease（ポルトガル病、南蛮かさ）と診断したよし」

「左様か。イスパニアの荒くれ兵士どもがインカやアステカの女たちを襲って仕返しに感染させられた病（Columbus exchanges、西洋史に有名なコロンブス交換）がついに日本にまで上陸してきたか。この日本を安心安全にするには鎖国が必定と申すか」

「御意」

「他に異論なければ、鎖国を国是とすることは是非もなし」

かくて、鎖国の重大方針が確定することとなった。

◎**第六章　注釈**

注①「教養としての聖書」橋爪大三郎著　P118
注②「幕末・明治の外交交渉と外国人」更級悠哉著　P30
注③「徳川家康のスペイン外交」鈴木かほる著　P125
注④「按針と家康　将軍に仕えたあるイギリス人の生涯」クラウス・モンクプロム著　P229
注⑤「ウィリアム・アダムス　家康に愛された男・三浦按針」フレデリッククレインス著　P237
注⑥「戦国日本の軍事革命」藤田達生著　P55
注⑦「キリシタン将軍　伊達政宗」大泉　光一著　P108
注⑧「バテレンの世紀」渡辺京二著　P290

終章　ウィリアム・アダムス　日本の土となる

アユタヤに向かった三浦按針は首尾よく日本人町に到着した。町長（町おさ）に家康の朱印状を見せ、城井久衛門に目通りさせた。城井久衛門とは、加賀藩脱藩浪士である。加賀藩は関ヶ原合戦と大阪城攻略戦の戦功で家康から松平姓と葵の御紋を授けられ、譜代大名並に格上げされた。家康は藩主を介し、城井久衛門は民間人としてアユタヤに駐在し国王と親交するよう特命されていた。久衛門とその配下はアユタヤ日本人町を束ねていたが、日本人町を安定させるために日本との航路確保など家康の支援が欲しかった。その九衛門の腹心から後継者になるのが、有名な山田長政である。

家康の英国や蘭国など欧州との正式な交易とは別に、民間の交易活力は漲っていた。自前の大型船はなくても、明のジャンク船に乗り換え南シナ海を南下し、コーチシナやアユタヤ更にルソンに進出し日本人町を築き、海外に雄飛する逞しい移民が始まっていた。

アユタヤに上陸したアダムスは城井久衛門との面会の前に、一面に広がる米作農地に注目した。日本とは比べものにならない大規模なもので、大小さまざまな川から水が引かれ水田になっていた。大平野で用水路を遮るような丘がなかったことも、これほどの広大な田園ができた理由だろうとアダムスは想像した。夏の適度の暑さと清水を好む稲は、年中太陽に恵まれたこの環境なら年三回は収穫できよう。米の膨大な収穫が王国を繋栄させることは、領地に狭い農地しかなかったアダムスにも容易に想像できた。これは米作に習熟している日本人向けの土地だ。海にも面しているから漁業も大いに期待できる。農業と漁業と交易で繁栄する日本人町にできる。詳しいことは絵図面を描き、家康殿に報告しなくては、と家康の喜んでくれる顔が目に浮かんだ。

次いでアダムスは、家康の朱印状を久衛門に差出し鉛鉱山の現場案内を願い出た。アダムスは、アユタヤの城井久衛門の砦のような堅固な屋敷で、久衛門以上に国王の信任厚い山田長政を紹介されると、国王に鉱山試掘の許可手続きを頼み込んだ。

久衛門の案内で鉱山に向かった。人里離れた山にある鉱山を発見することなど現地に詳しい案内なしには不可能である。家康の朱印状と久衛門の絶大な支援に恵まれ、鉱山の現場に近づくと、アダムスは藪や雑木林の中に、蚊が多いことが気になっていたが、道筋や目印を詳しく絵地図に記すことと、鉛鉱物の見本採掘に熱心のあまり、蚊に刺されることへの防備が疎かになってしまった。鉱山の発見と、アユタヤ国王の試掘許可を得られた代償に、マラリアに罹患したようであった。

アダムスは、国王から拝受した鉱山試掘許可状を肌身離さず大事にしまって平戸への帰路に付いた。

若かりし頃豊後に、国王の国書を携えて渡航してきた冒険者の頃を思い起こした。五島列島の山並みを遠望できるところまで船は近づいていた。一刻も早く駿府城の家康に鉛の鉱物見本を持参し喜んでもらいたい一心で平戸の土を踏んだ。それは一六一六年七月であったが、不運にも家康は既にこの世の人ではなかった。この四月に家康は急逝していたことは前述のとおりである。

按針は帰国後体調を崩し、ソントン鉱山探索報告書や事業見積もり書を携えて江戸城に登城する気力もなくなり、大量のシァム買い付け品や貢ぎ物を急送したが、秀忠から何の返事もなかった。アジア市場探索の大事業は一回限りの打上げ花火のように儚く頓挫した。

鉛を大量に輸入できなかったつけは、カトリックとの島原最終戦で家康が危惧したとおり、幕府軍のへなちょこ玉では一年四カ月戦っても勝てず、結局蘭国軍艦の艦砲射撃が天主や浪人溜まりを破壊しけりを付けるが、それは後述する。

イスパニア神父浦賀に来訪、詩桜里の危機

平戸でシァム探索の疲れを癒していた一六一六年九月、逸見村按針館の留守居役平湊介から按針に急飛脚が届いた。詩桜里にイスパニア神父が押し掛け、面会し宿泊したとの急報であった。イスパニア神父たちは、秀忠の鎖国政策の強化で追いつめられていた。日本人キリシタンに命じ、詩桜里の庇

護者按針のシャム渡航中を狙って、浦賀別宅を探させ、留守居役にアダムスのことづけを預かっていると、詩桜里に面会を強く求めたのである。詩桜里は無用心にも逸見村の本宅から浦賀に出向き、神父たちに対面したとの書面を一読した按針は愕然とした。詩桜里が最大の危機に陥ったとアダムスは悟った。

詩桜里は少女の頃から宗教二世として育ち、キリストの言葉を伝えてくれる神父は心から尊敬すべき存在で警戒心などあるわけがなく、神父たちの求めに応じて浦賀の別宅に泊まらせてしまった（注①）。

宣教師とはその後江戸で火刑にされたイエズス会のジロラモ・デ・アンゼリス（Girolamo de Angelis）であったろう。二人はやや緊張した面持ちで対面した。

「ジロラモ神父様、御高名は存じておりますが、初めてお目にかかります」

「小西マリア殿。キリシタン弾圧に屈せずよく信仰を続けられてこられたことは感服いたしておる」

「わらわには終生キリスト様しかおりませぬ。して、突然のお越しの向きは……」

「秀忠様がキリシタン禁止とバテレン追放を徹底されては、もはやどうにもならぬ。この後江戸で、この身が最後のキリシタンとしてお縄を頂戴し、布教はやめることにしたから、キリシタン探索もやめてくれるように嘆願する。勿論其方の事は奉行には絶対に言わぬが、カトリック復活は百年、いや二百年かかっても成し遂げるよう、最後の願いを伝えに参った」

「神父様、そのことは確と承りました」

この年の九月に秀忠が鎖国とキリシタン追放令を発布している。それに危機感を強くしたイエズス会とフランシスコ会神父達は、詩桜里はカトリックの有力者として生き残った一人であり、その夫按針は将軍秀忠とも交流があることは、イエズス会の情報ネットワークに調べ上げられていた。

アダムスは、日本を去ったと思っていたイエズス会士が全国キリシタンの名簿を基に、小西マリアから名前を変えた三浦詩桜里の居所を探し出したカトリックの執拗さに驚くと共に、アダムスと結婚した後も国教会に改宗しなかった詩桜里のカトリックへの熱い思いを再認識させられた。早速湊介に返信し、イスパニア人は僧服を着ていたかを問い合わせ、着用していなかったとの回答に安堵した。

詩桜里は父小西行長の領地島原でカトリックの洗礼を受けて以来、イエズス会の本拠地長崎の教会には何度もミサなどに訪れていた。ミサなど主要儀式を取り仕切る神父はひたすら尊敬すべき崇高な人であり、来訪されることはこの上ない名誉になる。そこに付け込まれたと察した按針は詩桜里に緊急警報を発した。キリシタンを嫌う秀忠公の治世となった今日、宣教師を近づけることは危険極まりない。詩桜里は隠れキリシタンと見做されたら、クリスチャンネームのジョセフとスザンヌも宗教二世とされ、無事では済まない。

三浦按針は秀忠に妻の無防備を侘びた。詩桜里が会ったのは平戸のイスパニア人商人で僧服は着用しておらず、宣教師ではない。詩桜里は平戸住まいの夫の様子を知りたかっただけで、ミサなど宗教行事はいささかもしなかったと詳細な釈明書を送り、近いうちにご機嫌伺いに参上すると付け加えた。秀忠はイスパニア人の宣教師と思しき者と対面した詩桜里に不快ではあったが、この釈明書により今回だけは不問に付すとの沙汰をした。アダムスは詩桜里には、イエズス会とフランシスコ会の宣教師や商人を絶対に家に入れてはならない。それでも訪れてくる宣教師も商人も門前払いし、帰らなければ湊介に切捨てさせると秀忠殿に申し上げた故、そのようにせよ、と厳しく伝えた。

浦賀の按針館別宅には、一六一三年に創設された英国商館から商館員が江戸市場探索に長期出張してきた。アダムスは英国商館長から報酬を得ており、出張者の受け入れは拒否できず、布教は勿論のこと、宗教行事やキリストの話など一切しないことを絶対条件として泊まらせていた。それが詩桜里に、夫は英国人を宿泊させたのだから妻もイスパニア人を泊まらせても良いではないかと思わせたかと、按針は後悔した。

英国商館の予算は潤沢ではない中で、商館員江戸出張者に浦賀別宅提供は、コックスを大いに喜ばせた。コックスは詩桜里に御礼に西洋画を進呈したいが、何が良いか尋ねたところ「ソロモンの審判」の絵を所望した（注②）。ソロモンの審判とは、イスラエル王国ソロモン王の前で一人の赤子をめぐって母は私だ、と絶対に譲らぬ二人の母親にソロモン王はそれなら、赤子を真っ二つに切って半分ずつ与えるとの王の審判である。それを聞いた一人の母親はそれでは赤子は死んでしまう。私が身を引くから赤子はその女に渡してやってくれ、と泣いて王に嘆願した。もう一の女は勝ったぞと大喜びで赤子を引き取ろうとした瞬間、この大ウソつき女め、赤子の命を真っ先に考えるのが本当の母親なのだ、と母の愛を教える名画である。

ソロモン王の審判とは旧約聖書の故事であり、プロテスタントはイエス・キリスト誕生以後の新約聖書（福音書）を大事にする。詩桜里はイエス・キリスト祖先の故事にも関心があったことから、カトリックの強固な隠れ信者だったとみて間違いないであろう。

万一、目付の指図で奉行所が家宅捜索し、これはキリストの絵かと詰問されても、キリストとは無関係の西洋の王様で、子供を思う母心を教える絵に御座候と説明でき、詩桜里に罪は及ばないとコックスは考えたのであろう。英国商館の資産の一部を商館員の長期宿泊費用の代価としてMrs.Adamsに贈呈したとコックスは会計簿に記録している。

秀忠の禁中への野望

秀忠には、家康の存命中には誰にも明かさなかった野望があった。父家康も秀吉も信長さえも慎んでいた、天皇の舅になり権威と権力の頂点に立つという野望である。これが成就すれば、秀忠は家康以上の存在になり、漸く父のコンプレックスを払拭できる。

元和六年六月（一六二〇年）アダムスが平戸でマラリアを悪化させた頃、秀忠は父の三回忌を無事終え、末娘の和子（まさこ）を第百八代天皇・後水尾天皇の皇后として入内させた。和子はこの時十四歳の少女であり、将軍の娘とはいえ嫁入りはさぞかし心細かったであろう。秀忠は、何の心配もさせぬように、万事目配りできる老中の酒井忠世に入内の手配を進めさせた。入内当日、徳川の葵の御紋を付けた大行列は禁裏を圧倒した。先ぶれ警護役や駕籠かき、その脇に控えて共に歩む腰元たち、帝へのご進物に和子の調度品などを運ぶ荷役衆など合わせると総勢千名近くになり、その華やかな行列は徳川の出城、二条城から一里以上に及び、京都のうるさい雀たちを驚愕させた。

しかし和子の入内は、父の野望の犠牲といえよう。狙いは徳川将軍家の血筋の子が、万世一系の天皇になることであった。後水尾天皇の側室がもしも男子を出生していれば、あとから入内する和子が首尾よく男子を産んでも皇位継承は大きな争いになろう。〝長ヲ先ニシ幼ヲ後ニス〟という長幼の順序が定められていた故である。

和子入内に先だつこと二年も前に、秀忠側近から特命を受けた京都所司代は公家などを買収し、畏れ多くも後水尾天皇の身上や側室も密かに調べあげていた。結果、天皇は公家の娘、四辻与津子を寵愛され皇子になりうる賀茂宮を出産していたことを突き止めた（注③）。

秀忠は、それ位は想定内と入内を諦めず、禁裏に何の遠慮もしない。秀忠は武家伝送役を介して宮中に参内すると、天皇に和子入内を申し入れた。

後水尾天皇は四辻与津子を愛しており、今更和子を皇后に迎え入れる気はないと冷ややかに答えた。

それは残念、これにて失礼と簡単に引き下がる秀忠ではなかった。

「ご聖上には誠に畏れ多いことながら、四辻某は正式に皇統譜に記されていないのに、聖上を誘惑し子までなしたることは、禁中並公家諸法度に反する行為と存じあげ候」

「秀忠は何を申しておるのじゃ。与津子が朕を誘惑したのではない。朕が与津子を見初めたのじゃ」

「ご聖上はそれを申されてはなりませぬ。禁中諸法度第一条の〝天皇は芸能や学問に専念する〟ことに違背されまする。法度違反に対し、厳正な処置なしでは天下の静謐は保てぬと存じ、ご聖上に替わって四辻親子に遠き島にお移り頂くことになるかと」

後水尾天皇は恐怖した。島の別宅住まいとは、身の回りの世話をする者はいないが看視者何人もが四六時中見張っている監禁生活になる。三食昼寝付きどころか、食事もあてがわれない。腹が減ったら庭に生えている野草を取ってきて煮て食べよ、ということである。

かつて承久の乱に加担し討幕に動き幕府に捕らわれた第八十四代順徳天皇は佐渡ヶ島に流され、十年もひもじい思いをさせられ崩御したとの幕府への宮中に伝わる、幕府への恨み話も囁かれていた。

「なんと無体なことを申すのじゃ」

「畏れながら、隠岐の島にお移り頂いた後鳥羽上皇様の先例もござれば、四辻と庶子の子の身分には、無体などとは思いもよらぬこと。されど、この秀忠には血も涙もござるによって、聖上が親子を禁裏から出して頂ければ島流しは取り止め、聖上が行幸などの折に、親子に会える場所に居を構えさせましょう」

後水尾天皇は秀忠の恫喝に冷酷さを知った。既に鎌倉幕府の武家政権以来、天皇の軍事力は奪われ、禁中並公家諸法度により天皇は将軍の監督下に置かれていた。秀忠の要求を拒否すれば母子は島流しにされる。涙をこらえ、与津子親子を和子入内の前に禁中から除く他ないと考えざるを得なかった。しかし天皇は与津子親子の命の保証だけは欲しかった。

「秀忠は与津子親子に手出しせぬと誓えるや?」

「この秀忠も武士の端くれ、武士に二言はございませぬ」

後水尾天皇は言動には用心し顔色も変えなかったが、家康よりも秀忠が嫌いであった。武士に二言はないとはよくも申したものじゃ。秀忠は武士の棟梁どころか風上にもおけぬ奴と怒りを内に秘めた。

与津子と賀茂宮を禁裏から追放し、与津子の公家の兄たちは監督不行き届きの咎で流罪にする一方、天皇の収入は倍増させて二万石とした。天皇懐柔の飴と鞭という露骨で不遜な手段をとることに何の躊躇いはなかった。

和子が首尾よく男子を産めば次の天皇の祖父として、万世一系の皇統譜の付表に永劫に名を残すのが大願であった。和子の輿入れに幕府は腰元のみならず、和子と後水尾天皇の警護役や身の回り世話役に数十名も送り込んだ。その特別な任務は天皇が密かに側室と関係する気配があれば、秀忠に急報する密偵役であった。その者達は武術の達人であり、禁裏門の警護や中庭の掃除さらに植木の剪定に見せかけて、天皇御座所に出入りする女御たちの腹に常に目を光らせていた。膨らんできたとなれば事故を装って柄の長い槍のように尖った剪定道具などを手が滑ったと投げつけ、気絶するほど強力な当身で流産させる。和子が男子を生むまでは与津子親子のような子作りは二度とさせないとする、秀忠の執念があった。

しかしそこまでしても、皇祖は秀忠に味方しなかった。和子は二人の皇嗣を産み、秀忠を歓喜させたが一時の糠喜びに終わった。不幸にも二人とも夭折したのである。天皇も又徳川の血を皇統に入れぬよう、考えるところがお有りになり、和子に言い含めたのであろう。寛永六年和子が産んだ皇女一宮に突然譲位され、第百九代天皇は女帝の明正天皇となった。秀忠の野望は叶えられなかった。明正女帝は子を産むことなく後光明天皇に譲位した。秀忠の血筋は天皇に残さない、という後水尾上皇の強い意志があり、和子も父ではなく夫に従った。ここに徳川の血筋による天皇即位の暴挙は結実することなく、終わった。

家康は禁中並びに公家諸法度を制定し、違背する公家は流罪にすると間接的に天皇を牽制したとは言え、さすがに天皇御自身への罰則は規定せず、この法度を以って禁裏に介入することも控えた。しかし、秀忠はこの法律を皇嗣に拡大適用したのであった。

この徳川将軍の禁裏介入に対する憎しみは、代々の天皇に密かに申し送りがあったのかも知れない。幕末の慶喜将軍からの大政奉還の申し出に際して、孝明天皇はそれだけでは許さなかった。江戸に帰った徳川最後の将軍慶喜への追討、即ち討取れとの密勅である。御名御璽もない偽勅なり、との説は根強くあるが、将軍暗殺の勅書に御名御璽できるわけがない。万一薩長が敗れたら、罪は天皇にふりかかる。慶喜を討取れ、との前例にない厳しい命令を薩摩藩主と長州藩主に発した勅書の写しが残されているのみである。

アダムス第二の故郷逸見に永眠し、ジョセフが後継

按針の発熱は漢方薬では一向に下がらず、容態は日ごとに悪くなっていた。英国商館医や蘭国商館医も回復させられなかった。商館長コックスと長崎奉行の手配で、逸見村に急使が送られた。詩桜里は平湊介の馬に乗り、平戸に向かった。この時代、武士も町人も驚くほど健脚であり現代人の感覚からは想像できない行動力があった。詩桜里は馬と徒歩で三百里の長旅も苦労とは思わなかった。按針の信頼する警護役の平湊介を伴えば、道中の夜盗などに些かも不安はなかった。平戸は詩桜里が育った島原からそう遠くはなく、何回か教会を訪れたことがあり、山道を通る近道まで良く知っていた。アダムスは高熱にうなされながらジリンガムの夢をみていた。金髪碧眼の美しい少女に成長したデ

三浦按針夫婦の墓　横須賀市 HP より

リバレンスが見えた。意識のあるうちに、遺書を書かなくてはと半身を起こした。傍らにやっと間に合った詩桜里とコックスに遺言状を書き残した。詩桜里を枕元に呼ぶと、アダムスは家康公から拝領した刀を指さし、
「ジョセフに、父の形見として家康公拝領の刀を授ける。ジョセフに危機となれば救ってくれる守り刀になるはずじゃ」
元和六年四月二十四日（一六二〇年五月二十六日）アダムズは平戸から逸見に帰れぬまま、息を引き取った。享年五十五歳、西洋から日本や東洋に、実に波瀾万丈の人生であった。（注写真）
秀忠は按針の死を知ると、父家康から、按針を疎かにしてはならぬとの遺言を思いだした。按針の四十九日法要がしめやかに行われた後、

ジョセフは江戸城登城を命じられた。既に側近たちには、按針が幕府に忠義を尽くしたことの見返りにジョセフを按針と同様に召し抱える考えでいるが、ジョセフの立ち居振る舞いを見て決める。よって特段の異議あればその場で申してみよと言い渡していた。

「公方様、お呼びにより三浦按針の長子、ジョセフが罷り越しました」

「うむ、遠路大儀であった。そこではちと遠いな。近う寄れ」

ジョセフは侍の行儀作法は武家の娘、怜と佳から、恥をかかぬようこまごま躾けられていた。まごつくことなく一間離れた畳の縁まで膝行した。秀忠は、ジョセフがきちんと髷を結い、裃を身に付け、正座のまま膝行するのを満足気に見ていた。その外見から、十四歳になったジョセフは元服を済ませたことが見てとれた。

「ジョセフとやら、按針の逝去にはこの秀忠も悔やみを申すぞ。して菩提寺は何処にしたか？　母御は気丈にしておられるか？」

三浦按針の庇護者徳川家康が逝去し、秀忠がキリスト教を禁教した以上、ジョセフやスザンヌが日本に生きる道は仏教に宗旨変えする他ないというコックスの忠告を受け入れていた。

「大御所様、菩提寺は母とも相談致しまして、按針館からも遠くない浄土真宗浄土寺に定めましてござります。母ともども月命日には欠かさず墓参致しております。また大御所さまの有難きお言葉、母にしかと伝えまする」

「左様か。浄土真宗か、それは重畳じゃ。按針は異国人だったとはいえ、良き日本人になった故、仏様のお導きで極楽浄土に往けるぞ。ジョセフの身なりも武士としての作法もしっかり身についておるな。余は満足じゃ」

秀忠は、傍らに控えていた側近の酒井忠世に目配せした。忠世は、

「ジョセフ殿、一つ尋ねたきことがあるが宜しいか？」

ジョセフは母を訪ねてきたイスパニア人神父のことか、と一瞬身構えたが、かくなれば武士として俎板の鯉と覚悟を決め、

「酒井様、何なりとお尋ねあれ」

「貴殿は武士として、儒教の五倫を存じておるか？」

ジョセフはほっとした。それくらいなら幼少のころから怜と佳に嫌というほど教えられてきた上に、父と交流した儒学者林瑛将からも、特別講義を受けていた。

「五輪とは儒教の中の孟子の教えで人間関係をわきまえるもの。君臣の間は義、親子の間は親、長幼の間は序、朋友の間は信、夫婦の間は別、と心得ます。而して、君臣の義とは、……」秀忠は扇子で酒井忠世を遮った。

「ははは。ジョセフ、それくらいわかっていれば良いぞ。思い起こせば、そなたの父には異国の万世一系や英国国教会など国王が宗教をどう扱うか、加えて英国王至上法など良い話を随分と聞いたぞ。

按針は公用にてシャムに調査に行き、病を得た。徳川に良く尽くしてくれた。按針の浦賀別宅にイスパニアの宣教師が押し掛けたと聞いて、余は按針の妻はよもや隠れキリシタンかと疑ったが、浄土真宗浄土寺に納骨し月命日には欠かさずお参りしていると其方から聞き安堵したぞ。本日の登城では案内の者がそこもとの刀を預かったが、刀の鞘と鍔に小さく目立たぬが、三つ葉葵の紋があったと報告があったぞ。まさしくわが父が按針に授けた刀じゃ。神君家康公に授けられた刀を帯び、浄土真宗に改宗し、儒教も身に付けた武士故に、本日よりジョセフに二代目三浦按針を襲名させ、三浦の領地も安堵させる」

傍らに控えていた側近の土井利勝が秀忠の花押のある安堵状をジョセフに広げ見せた後、手渡した。

「ははぁ、秀忠様、誠に有難き幸せに存じ奉ります」

ウィリアム・アダムス急逝を知った平戸の英国商館でも然るべき対処がなされた。商館長リチャード・コックスは本国にアダムス特別弔礼金と奨学金まで申請した。勅許を得るまで数カ月を要したが、アダムスの妻やジョセフとスザンヌにもアダムスが万一に備え商館に預けていた金と共に飛脚便で届けられた。

このアダムスの遺産分割金はジリンガムから移転していた娘デリベレンスにも届けられている。全額を元妻宛にしてはデリベレンスの相続分が再婚したメアリーに独り占めされかねないとアダムスは危惧し、娘の持ち分を独立させた遺言書をコックスに託していた。

この至れり尽くせりの配慮を商館業務に優先させて手配したことからもウィリアム・アダムスは単なる民間漂流者ではなく国家の特使であった故に、国王やセント・メアリ・マグダレーン教会への逝去報告に加えて詩桜里やジョセフとスザンナに特段の配慮がされたと筆者は思う。

ウィリアム・アダムスを追うように母にも死なれるが、ジョセフは秀忠の高配により特に朱印状を下され、貿易商人として平戸の亡父の別宅に転居し、カトリックや鎖国と無縁の明や朝鮮との交易商人として、生涯を終えたと伝わる。

英国商館閉鎖とコックスの客死

コックスが若い頃から取引に精通し母国で仕入れた高級毛織物は日本では売れず、不良在庫になった。その損失を取り戻そうと、日本で必ず売れるとアダムスからアドバイスされた明国の綿花・綿糸に生糸や絹製品を大量に仕入れるため、明国商人李担に言われるまま前渡し金として大金を預けたが、商品は届かなかった。この損失額は英国商館の未回収金の半分を超え（注④）、平戸英国商館は大きく傾く。

一六二三年（元和九年）、対日貿易がさほど進展せず、数名の英国商館員や十名ほどの日本人職員の人件費など平戸商館の維持費は嵩み、明国商人にだまし取られた多額の前渡し金が損金として計上された平戸商館決算報告書を見た、東インド会社ロンドン本社役員会は平戸商館をオランダに売却、日本から撤退し明に移ることを決議し、商館や倉庫に船員宿泊施設、売れ残り品等をオランダに有償譲渡し、英国商館員を明国に移動させた。詐欺師のような商人李担を明国貿易商グループから見つけ出し捕まえたい気持ちもあったであろう。平戸英国商館を倒産させた明国商人への恨みは、英国東インド会社に罪悪感なく明国へのアヘン売り込みを始めさせる。

英国商館長リチャード・コックスは商館の損失と赤字決算の責任を取らされた。明国の新会社にも居場所はなく失意の本国帰国となるが、その船中で病死した。

再び英国人が日本に駐在し英国と日本の交易が再開され、日本が強国になってゆくのは、約二百四十年後の一八五九年、ラザフォード・オールコック公使の時代になる。関心を持たれた読者諸兄は拙著「幕末明治の外交交渉と外国人」に詳しく記述したので、続編としてご一読頂ければ有難い。

幕府によるキリシタン弾圧の仕上げと島原の乱

家康が予測した最後の宗教戦争が一六三七年（寛永十四年）島原で勃発した。有明海に臨む原城に立て籠った総数約三万ともいわれるカトリックキリシタンを統率したのは、イエズス会である。そこに圧政に耐えきれなくなった農民と浪人武士も加わった。

島原は国際都市長崎からも近く、伝統的にキリシタンが多い。領主のキリシタン大名有馬晴信は教徒に寛容な藩政をしてきたが、幕府は有馬晴信から松倉勝家に替え、キリシタン弾圧を徹底した。

ポルトガルとイスパニアの大艦隊が有明海に救援に駆け付けるまで原城に籠城して持ちこたえよ、と信徒代表天草四郎に命じた。しかし現れたのは、将軍家光の要請を受けたプロテスタントのオランダ軍艦であった。イスパニアやポルトガルの国旗とは異なるオランダの国旗が艦橋の上に翻っているのを不審に思った天草四郎は、時を置かず原城が艦砲射撃され、カトリックはプロテスタントの敵にされていることを嫌でも知らされた。イスパニアは結局救援に現れなかった。

秀忠と家光は大軍による包囲とオランダ軍艦の艦砲射撃で島原の乱を鎮め、秀忠は大御所になり、家光幕府は鎖国と禁教を厳しくさせてゆく。

サンファン・バウティスタ号の最期

この章の最後に、サンファン・バウティスタ号の終焉について書き残す。一六一三年、アカプルコへの処女航海の後、翌年に日本に帰港したバウティスタ号はアカプルコに向け第二次航海に出航した。アカプルコに一年近く帆を休め、船底の牡蠣剝がしや水漏れなどの補修をした後一六二〇年、アダムスが急逝した年、仙台に帰港を許されず、外国船扱いされ長崎に回された。しかし余生を過ごす場はもはやなかった。

一六二三年東インド会社が日本に見切りをつけて英国商館を閉鎖した年、家光が三代将軍になり、鎖国政策を徹底させると外洋帆船は邪魔になった。杜の都仙台で選び抜かれた強靭な樫や楢などを用いて丁寧に建造され、世界に通用する国産帆船は二度の大役を務めながらも最後は鎖国という国策に翻弄され、厄介者扱いされ日本から追い払われ、イスパニアにアマルガムの謝礼のように譲渡された。

日本に残っていれば、大型帆船の立派なスタンダードモデルとしてその建造技術は伝承され、約二百三十年後のペリー来航時には改良発展型の雄姿で対抗し、英米仏などからこの国には小舟しかないのかと侮りを受けることはなかった。ペリー艦隊を取り巻いて日本領海から退去せよと抗議したのは渡し船のような屋根もない小舟ばかりで、これが日本の沿岸警備隊かとペリー提督と水兵たちから笑われたことは海洋国家日本の嘆かわしい姿であり、秀忠以降の鎖国の当然の結果であった。

バウティスタ号を商船から軍艦扱いして、武士のように最期の花を咲かせてやろうと考えたのは家光と老中であった。家光は若い頃精力を持て余し、暗闇の江戸市中に出て浮浪者を斬り捨てたと噂されるなど、家康や秀忠とは全く異なる武断派であった。ルソンを防衛するイスパニア海軍に編入されたバウティスタ号にはルソン沖でオランダ海軍新鋭軍艦との海戦が待っていた。

カトリックのイスパニアとプロテスタントのオランダは旧敵であり、一六二一年イスパニアはオランダとの休戦協定を破棄、ドーバー海峡を始めルソン海域でもイスパニア軍艦はオランダ軍艦と海戦を繰り返していたが、それがルソンにも飛び火した。

サンファン号最後の任務を聞いた平匠頭は、月夜の長崎港から小舟で訪れ、別れを告げに乗船した。マストの樫の柱を撫で、甲板の楢材を踏み締め、こみ上げる惜別の思いに涙を浮かべて下船した。

サンファン・バウティスタ号は日本の匠たちが精魂込めて世界に誇る帆船に造りあげたが、商船に大砲を積んだ武装商船であり、オランダ軍艦は両舷に隈なく大口径の大砲を備えており、一斉砲撃には防戦できなかった。仙台月の浦で誕生し何度も太平洋を横断した栄光のサンファン・バウティスタ号はルソン沖であえなく撃沈され、母国の杜の都の樫の仲間たちに再会することなく、南海の海にその生涯を終えた。

◎終章　注釈

注①、②、④「三浦按針　その生涯と時代」森　良和著　P211、P346　P316

注③「花と火の帝」隆　慶一郎著　下巻　P45

エピローグ

英国人が再び渡日してきたのは、幕末の英国公使館付き書記官として赴任したアーネスト・サトウなど外交官である。サトウは日本の主権者は将軍でなく天皇であると英字新聞に掲載し、ラザフォード・オールコック（Rutherford Alcock）公使の了解を得て、天皇新政府を承認した。エリザベス一世が目指したであろう日英同盟は三百年後の一九〇二年に締結され、日・英の外交戦略を大きく深化させた。サトウはウィリアム・アダムスのことも本国に紹介している。

昭和天皇は、守旧派から皇太子の外遊は前例がないとの反対を押し切って英国他欧州諸国を訪問された。第二次大戦後初めての記者会見が設けられると、

「あれ（英国他欧州諸国訪問）が朕の人生の華であったような気がする」とお言葉を述べられた。英仏蘭とは戦争するのでなく、国際親善と友好に徹するのが良かったとの言外の意味ではなかったか。

今上天皇におかれては、皇太子時代にオックスフォード大学に留学〝テムズ川の水運史〟を研究（注

①）され、オックスフォード大学から名誉法学博士号を授与された。

テムズ川の終点の川角には、アダムスの故郷ジリンガムがある。皇室と英国王室とアダムスの微かな繋がりを感ずるのである。今上天皇はオックスフォード大学仕込みの英国英語、今上皇后は名門ハーバード大学を御卒業され、外務省入省後にオックスフォード大学にも留学され、天皇・皇后両陛下ともに外国君主との語らいに通訳は必要とされない。通訳がいれば外国の要人達は率直なことは話さないが、通訳がいなければ、機微に触れる話もできる。

エリザベス二世の崩御により新国王になったチャールズは皇太子時代の二〇〇八年に筆者の郷里、更級の北にある、黒姫アファンの森を訪問している。ロシアに対抗した日英同盟百周年を記念しつつ、次の百年は地球環境を守る日英グリーン同盟にしようと、野生動物や環境保護に関心深い皇太子は樫の木をウェールズの森から黒姫に贈られた。

黒姫山麓の森を整備し日本に帰化したC・W ニコルを両陛下が皇居に招き、森林整備の苦労をねぎらった。ニコルは在日二十年を超え、日英同盟を題材にした「盟約」を英語で出版したが日本語会話も流暢ではない。両陛下に「ウェールズから黒姫の森にやってきた熊には日本語は苦手です」と話し、両陛下は笑って「それでは熊さんのお話を聞きましょう」と Queen's English で応じられた。現在の日英親善の一コマであり、この山の中にも日英は繋がっている。

では、徳川と英国の繋がりはどうなったであろうか。家康が創設し、日本最長の幕府は十五代の徳川慶喜が幕引きした故に徳川家総領の地位を追われ、何人かの候補者も十六代を辞退した。徳川宗家を廃絶することもできず、やむなく継いだのが徳川家達である。家達は十五代慶喜は武士の総大将にも関わらず敵前逃亡し江戸に逃げ帰ったと評価せず、十六代と呼んでくれるな、新徳川宗家初代になると宣明した。日本の行く末を熟慮し、日本に必要なのは英国と、ロンドン郊外の King's College of Eton に留学、英語をマスターした。

家康の対英外交は経済重視であったが、徳川家達は安全保障も重要政策になると考え、明治新政府の重職である貴族院議長を引き受け、時節柄重要になっていた日英米軍縮交渉の日本代表となって渡英と渡米もして軍縮による戦争回避の道を開く。対英国外交先駆者徳川家康のＤＮＡが約三百年を経て、日本と英国が戦う危機を鎮めるべく家達に渡英させたと筆者は思いたい。

ウィリアム・アダムスと一緒に日本に漂着したヤン・ヨーステン（Jan Joosten van Lodensteyn）についても書き残したい。ヨーステンの日本名として古文書に残っているのは耶楊子又は彌與三である。日本人と結婚し娘も産まれたようであるが、妻子に関わる古文書は見つかっていないし領地はなかった。一時期家康の家臣としてオランダの交易などについて家康に報告していたが、虚言があるとして家康の信頼を得られず、暇を出された。平戸のオランダ商館員になったが、商館の公文書にもヨーステンの記録は殆ど残っていないようである。ヨーステンは、日本とインドシナの交易に関わる貿易商人として活躍していたが、一六二三年バタビアの東インド会社からの帰路、不運にも嵐で遭難死した。アダムスのように、商館から日本人妻子に支援がされたとの公文書も見つかっておらず、オランダ政府の駐日外交官ではなかったのであろう。

ヨーステンの日本の屋敷は、古文書に残るところでは、〝和田倉御門の前を彌與三が河岸と云〟とあり、ヨーステンの屋敷は和田倉門近くの河岸にあったことは間違いない。しかし当時は八重洲の地名はなかったし、位置的にも八重洲の反対側の丸の内になる。八重洲となるのは昭和二十九年に八重洲の地名が新規に登記された以後で、「やえす」の地名は江戸の古地図にはない。昭和の新地名八重洲を、慶長の耶楊子又は彌與三のこととするのは無理があろう。

しからば、八重洲にある「ヤン・ヨーステン記念碑」と「平和の鐘」の歴史的根拠は何になるのか。実はこの記念碑と鐘はヤン・ヨーステンの死後三六〇年も経た、一九八九年に日蘭修好三八〇周年記念として新規に建立されたものである。言わば後付けの日蘭友好記念行事品の一つであって、史実とは言い難い。彌與三、または耶楊子と八重洲が繋がる史料は発見されていない。

他方、アダムス（按針）の日本橋の屋敷「あんじん丁」は江戸の古地図「武州豊島郡江戸庄図」（寛永九年）にはっきり書かれており歴史的事実になっている。筆者は機会あれば、ヤン・ヨーステンなど日蘭関係史も書いてみたい。

◎エピローグ　注釈

注①「水運史から世界の水へ」徳仁親王著

あとがき

アダムスの妻詩桜里はキリシタンであったとするのは筆者の思い込みではなく、その根拠については既述してきた。当時の日本には約七十万人もの信仰者がいたとされる。棄教しなかった教徒は家族も全て捕えられ、残らず処刑され、日本のカトリックは全滅したと欧州諸国のカトリック司教から諦観されることになった。

しかしカトリックは不滅であった。不死鳥のようにカトリック教会が長崎に雄姿を見せるのは、幕末の欧米諸国との通商条約で信仰の自由と礼拝所建設の権利が認められたことによる。

一八六四年長崎港を見下ろす山腹にカトリック教会大浦天主堂が建立された。島原の乱に敗れ長崎の離島に逃れ、隠れキリシタンとなった信仰者の子孫たちが教会を訪れ、大司教に面会したと伝わる。隠れキリシタンとなり約二百三十年の長きにわたり司教や聖書もなく、キリスト教を伝えるのは口伝となり、変質してゆく。史実では中東人の顔立ちをしたキリストは町人風の丁髷をした日本人の顔に変わり、キリスト教の十字は幕府に見つけられた時の言い逃れができるよう薩摩藩の十字紋になっていた。欧州女性の美しい顔立ちの聖母マリア像は、日本女性の観音像に変わった。祈りもラテン語の聖書文字を読むことが許されなかった結果、ラテン語に精通している大司教には意味不明なオラショ

(日本のキリシタン用語で「祈り」になり、神父様は〃良か人様〃に変わり、カトリック用語とわからなくして信仰されてきた。

全く形を変えた隠れキリシタンの里をカトリック教皇にそのまま見せることには躊躇わざるを得ず、隠れキリシタンの子孫が生きており、その信仰は長崎に時空を超えても普遍(ラテン語のカトリックの意味)にあったと報告される他なかった。教皇も察したのであろう。視察は大浦天主堂や二十六聖人殉教の地にとどまったと聞く。

カトリックは、明治以後幾つかの大学を設立、日本の高等教育に大きく貢献してきた。その中で英・仏・西・独語などの外国語教育に最も優れていると高く評価されるのが上智大学である。上智大ではスペイン語ではなくイスパニア語学科としているが、イエズス会が教えてきた語学の蓄積が役立っているのであろう。他方英国国教会の系譜は立教大学に受け継がれ、英国式教育の最高府としても有名であるが、キリスト教信者以外にも広く門戸を開放し、学内の教会でミサや教室でのキリスト教学は必修にしていないと聞く。

時代は過ぎゆき二〇一八年、カトリック新教皇が選出された。五百年前にイスパニアに征服された歴史があるアルゼンチンに生まれ、イエズス会に子供の頃に入会し本格的に学び、ついに第二六六代教皇に上り詰めたのはフランシスコ師になる。令和元年に日本を訪問し当時の安倍首相と歓談した。

ウィリアム・アダムスの墓についても書き残したい。平戸の外国人墓地からアダムスらしい遺骨が

見つかったとの新聞報道があった。東邦大学医学部法医学講座助教論文故に信頼性は高い。その概略を引用すると、

アダムスの個人同定の根拠とは、

一、平戸に埋葬されていた人骨から抽出した骨コラーゲンの放射性炭素年代を測定すると95パーセントの確率で一四六六年から一八一九年になる。

二、頭骨から抽出されたDNAの塩基配列情報はハプログループHで、これは英国を含む西ヨーロッパ集団の特徴であり、この人物がヨーロッパを出自とすることを示唆している。

三、骨コラーゲンから生前に摂取した食物の同位体比から食生活が分かるが、当該人物は江戸時代の食生活に馴染んでいた。このことは二十年にわたり日本で生活した三浦按針のヒストリーと一致している。

よってこの人骨は総合的に考えて三浦按針のものである蓋然性が高い（注①）とした。

平戸の外国人墓地に埋葬された船員や定住商人などの欧州人は少なくないことも事実である。決定的となるウィリアム・アダムス子孫や家族とのDNA鑑定もできていないので、確定には至っていない。

他方、横須賀市西逸見町にはアダムスとその妻の二つの墓石が並立している。（注　P237の写真）三浦逸見村に伝わる安針塚はだれの墓になるのか。本格的な発掘調査はされていないようである。妻

の隣の墓には按針の骨はないとしたら、これほど悲しいことはない。筆者は按針の骨は夫婦二人仲睦まじくあると信じている。そして、その墓地は県立塚山公園保存会が毎年四月のアダムス命日に墓前祭を営み、ジリンガムや海外からの参列者も受け入れてきた。

ウィリアム・アダムスの出生地ジリンガムと日本の本拠地となった三浦、現在の横須賀市は姉妹都市になり、アダムスも喜んでいるだろう。

筆者が入れ込んだウィリアム・アダムスとの別れは埋葬地の話を以って完了としたい。

この書の執筆に専念し、家事を疎かにしてきた筆者を見守ってくれた妻に感謝し、この書を終える。

筆者が若かりし頃、スキーを楽しんだ黒姫山に英国王チャールズ（当時は皇太子）から贈られたウェールズの樫の木に想いを馳せつつ。

令和五年九月　　更級悠哉

◎注釈

注①「プレスリリース発行No.1113 令和三年一月十三日　伝・三浦按針塚に埋葬された人骨の出自を探る
～多様な化学分析を横断的に駆使した個人同定～」
東邦大学医学部法医学講座助教　水野文月

東西の統治者　徳川家康とエリザベス一世

十七世紀、西の統治者は家康に特使を派遣

著者　更級 悠哉

発行日　2023年10月25日

発行者　高橋 範夫

発行所　青山ライフ出版株式会社

〒103-0014

東京都中央区日本橋蛎殻町1-35-2 グレインズビル5階52号

TEL：03-6845-7133　FAX：03-6845-8087

http://aoyamalife.co.jp

info@aoyamalife.co.jp

発売元　株式会社星雲社(共同出版社・流通責任出版社)

〒112-0005 東京都文京区水道1-3-30

TEL：03-3868-3275

FAX：03-3868-6588

印刷・製本　モリモト印刷

装幀　溝上 なおこ

ISBN978-4-434-32716-2
